화성지역학 연구

제 5 집

화성지역학연구소 편

◀ 당성

백곡리 석실 고분 ▶

백사지 안면 소조불상 ▶

◀ 봉화산(염불산)

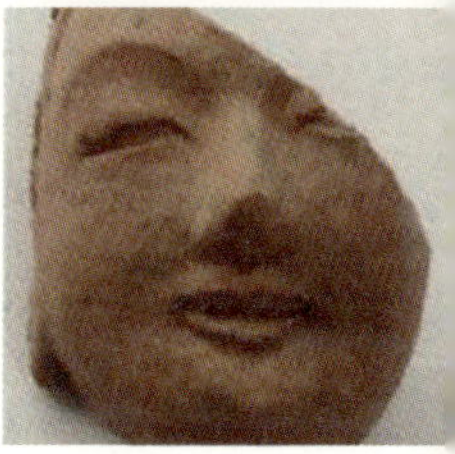

한누리 미디어

머리말

'원효성사 오도처가 화성에 있다'를 종결하면서

그간 원효성사 오도처가 화성시 마도면 백곡리 백제고분임을 증명하기 위해 8년여에 걸쳐 답사와 6회의 학술발표를 거치면서, 정황 증거와 학술 증거로 오도처에 대한 논란은 없어졌다.

제1차 기초조사로 실크로드 길을 답사하기 위해서, 부산에서부터 인천, 중국의 산동반도를 거쳐, 곡부(曲阜)의 공자사당(孔子祠堂)과 무덤을 참배한 일정은 뜻있는 기억으로 남는다.

당성 산줄기의 끝에 있는 염불산은 유일한 지명으로, 삼면이 바다로 둘러있어, 원효성사가 의상대사를 환송하며, 무사안일을 기원하는 염불 장소로 비정하는 데 손색이 없다고 생각된다.

이제 원효성사 오도처와 당성을 중심으로, 역사문화관광특구 콘텐츠를 개발하고, 실크로드 길과 함께, '원효성사 깨달음의 길'을 조성하여, 원효성사의 사상과 철학을 보급하고, 화성시가 명실 공히 명상철학의 관광 도시로 거듭날 수 있는 원동력을 만들고자 한다.

정찬모
화성지역학연구소장

  그간 원효성사 오도처를 발굴하고 알리기 위해, 전국에 산재해 있는 원효성사가 창건하거나 원효성사와 관련 있는 사찰 100여 곳을, 1년 8개월에 걸쳐 함께 답사하신, 화성지역학연구소 위원님들의 노고와 동국대학교 불교학과 고영섭 교수님을 비롯하여 학술발표회에 관련 자료를 연구하여 발표해 주신 여러 교수님들에게 감사의 말씀을 올린다.

                  2025년 10월

차례

006 머리말 · 정찬모
'원효성사 오도처가 화성에 있다'를 종결하면서

011 김성태
화성 당성과 원효 오도처에 대한 역사고고학적 접근

029 간호윤
원효 오도처 – 그 문헌적 증거와 역사적 상상력?

067 황보경
화성 白寺址와 주변 유적의 성격 검토

103 김재호
원효대사 오도처와 화성당성 융복합 콘텐츠 발굴
– 원효성사 순례길 중심으로

143 원효대사 깨달음의 길 제안서

146 화성지역학연구소 활동 모습

159 화성지역학연구소 연혁

162 화성지역학연구소 위원 약력

01 화성 당성과 원효 오도처에 대한 역사고고학적 접근

김 성 태 (도원문화재연구원 연구위원)

1. 여는 글: 연구접근법

2. 화성 당성의 발굴성과와 역사고고학적 소견
    1) 발굴성과의 정리와 해석
    2) 당성 주변의 백제 유적에 대한 해석

3. 원효의 오도처에 대한 단상
    1) 당은포로
    2) 해문(海門)
    3) 무덤과 해골

4. 맺는 글

01 | 화성 당성과 원효 오도처에 대한 역사고고학적 접근

김 성 태 (도원문화재연구원 연구위원)

1. 여는 글: 연구접근법

오늘(2024. 11. 20) 학술대회의 핵심 주제인 원효 오도처와 관련하여 본 발표문을 준비하면서, 화성 당성의 발굴 성과를 다시 살펴보고, 당성 관련 역사학계의 주장들을 대충 일람하게 되었다. 그리고 이런 과정에서 원효 오도처와 관련해서는 다음과 같은 연구 방법으로 접근해야 한다는 생각이 들었다.

먼저, 원효 오도처는 엄정한 학술적 논증과 검증으로 접근할 주제가 아니라는 점이다. 오히려 화성시를 대표하는 문화콘텐츠로 삼고, 이를 잘 활용하여 문화자산, 더 나아가 문화상품의 대상으로 보아야 한다고 본다.

이에 원효 오도처의 존재 여부를 사실판단이 아니라 정황판단에 근거해야 한다는 입장이다. 문헌과 역사적 상황을 고려하고, 고고학적 정보 등을 참고할 때, 원효 오도처는 당성 주변일 것이라는 주장이 허용되어야 한다는 뜻이다.

이와 관련하여 고고자료와 연구방법에 대해서도 첨언하고자 한다. 고고학연구는 발굴자료에 의거한 귀납법적 연구방법이 원칙인 듯하지만, 발굴에 의한 고고 정보는 매우 제한적이기 때문에 단편적 정보를 바탕으로 역사적·고고학적 상상력을 동원하여 가설을 세우고, 이를 검증·수정·보완하는 연역적 절차를 따르는 경우가 많다. 이에 원효 오도처와 관련해서도 가설의 설정과 이에 대한 검증을 반복하는 과정을 거쳐야 할 것이다.

이에 본 발표는 역사고고학적 방법론을 적용하여 당성에 대한 몇 가지 새로운 소견을 더하고, 원효 오도처 비정과 관련 기존의 견해를 옹호하고자 한다.

2. 화성 당성의 발굴성과와 역사고고학적 소견

1) 발굴성과의 정리와 해석

원효 오도처와 시기적으로 연결되는 당항성(1차성벽)의 조사 성과를 중심으로 정리하였다. 가장 최근까지의 발굴성과를 담은 『당성-8차 발굴조사 보고서』와,[1] 발굴조사자가 발표한 논문 「화성 당성 출토 명문 기와의 편년과 성격」을[2] 기본 텍스트로 삼았다.

당성은 구봉산(해발 159m)의 정상부를 중심으로 축조된 산성이다. 구봉산 정상부에 테뫼식의 석축으로 조성된 1차성이 위치하고 있으며, 구봉산 정상부와 그 동편으로는 1차성의 일부를 포함하여 토축과 석축이 혼재된 성벽의 축조 양상을 보이는 포곡식의 2차성이 위치한다. 1차성의 둘레는 약 610m, 면적은 약 14,300㎡이며, 2차성의 둘레는 약 1,170m, 면적은 약 72,600㎡이다.

당성은 일단 규모가 610m에 불과하다. 하남 이성산성 1,665m, 양주 대모산성 약 1,400m, 파주 오두산성 약 1,200m, 이천 설봉산성 1,079m, 이천 설성산성 약 1.0km, 인천 계양산성 1,180m에 비하면 총 둘레가 절반 수준이다. 그에

---

1) 안신원 외, 『당성-8차 발굴조사 보고서』, 한양대학교 박물관, 2024.
2) 서예원·이정철, 「화성 당성 출토 명문 기와의 편년과 성격」, 『백산학보』128, 백산학회, 2024.

〈그림 1〉 당성 1차성과 2차성(출처: 서예원·이정철,「화성 당성 출토 명문 기와의 편년과 성격」,『백산학보』 128, 백산학회, 2024)

비하여 파주 칠중성(둘레 603m), 용인 할미산성(둘레 651m), 김포 수안산성(총 685m), 인천 문학산성(577m)와 엇비슷하다. 산성의 규모를 대·중·소로 구분할 때, 가장 작은 규모인 소형에 속한다. 이성산성은 한산주(漢山州), 계양산성은 주부토군(主夫吐郡), 파사산성은 술천군(述川郡), 수안산성은 검포현(黔浦縣), 칠중성은 칠중현(七重縣), 할미산성은 구성(駒城)의 치소인 사실을 감안할 때, 당성은 당성군이라는 군(郡) 단위에 설치된 산성임에도 규모에서는 현(縣)·성(城) 수준이다. 이런 상치(相馳)에 대한 해석이 여럿 있을 수 있으나, 당성 일대가 신라의 대 중국 교류의 유일한 창구인 점이 반영된 것이 아닌가 추측된다.

  당성은 1차성과 2차성으로 공간적·시간적으로 구분되는데, 2차성이 1차성에 비하여 둘레로는 2배, 면적으로는 5배에 달한다. 이는 당항성 단계에서는 성곽의 최소 기본 기능만을 담당하다가 통일신라 이후 대당 교역과 교류가 급증하면서 기능이 확대되고 다양하게 되었음을 반영한다. 이런 관점에서 2

차성의 동벽 초축 시기를 흥덕왕 4년(829) 당성진(唐城鎭)의 설치와[3] 연결하기보다는 대당 교역의 추이를 감안하여 편년을 시도할 필요가 있다고 본다.

당성에서는 백제 토기가 출토되었지만, 고구려 토기와 기와는 보고되지 않았다. 그에 비티어 고신라 신라후기 토기를 대표하는 단각고배가 출토되었다. 한편, 성벽의 구조에서는 신라산성의 특징적인 요소인 보축(補築)이 부분적으로 확인되었다.

여주 파사산성, 이천 설봉산성 등 신라산성에서도 신라문화층 아래에서 백제의 유구나 유물이 확인·출토되는 사례가 흔하다. 이는 당성에서도 마찬가지인데, 당성의 경우 백곡리고분군을 감안할 때, 한성백제기 현재 망해루를 중심으로 감제(瞰制) 목적 등의 군사시설이 있었을 가능성을 완전히 배제할 수 없다.

기전지역의 고구려 유적 분포도를 보면 임진강 연안, 중량천 유역, 경부고속도로 축선에서 주로 확인된다. 그것도 500년 전후를 기점으로 한강 이북의 내륙과 임진강 유역으로 축소된다. 이에 비하여 경기만을 중심으로 하는 서해안에서 발굴된 고구려 유적은 인천 선학동 58-2번지 마을유적이[4] 유일하다. 이런 사실과 당성에서도 고구려 유구나 유물이 전혀 발굴된 적이 없다는 사실을 연결할 때, 당성 일대를 고구려가 장기간 지배했을 개연성은 매우 낮다. 이에 고구려 점령기에 활용되었다고 전해지는 당성군(唐城郡)이란 명칭은 『삼국사기』 지리지의 오류로 판단한 견해는[5] 주목된다. 한편, 신라식의 단각고배, 성벽 하단의 보축 시설 등의 존재는 현재의 당성의 석축 성벽이 신라의 한강유역 진출을 계기로 축조되었음을 보여준다.

......
3) 안신원 외, 앞의 보고서, 2024, 152쪽.
4) 수도문물연구원, 『인천 선학동 58-2번지 유적』, 2022.
5) 전덕재, 「신라의 한강유역 진출과 지배방식」, 『향토서울』73, 서울향토역사편찬원, 2012, 110쪽.

당성에서는 경기도에서 발굴된 성곽 중에서 가장 다양하고 많은 수량의 명문기와가 출토되었다. 그중에서 1차성에서 출토된 명문 기와로는 '택당(宅唐)', '한산(漢山)', '주부(主夫)', '웅(熊)', '웅천주(熊川州)', '본피모(本彼謀)', '양모(梁謀)', '병오(丙午)', '무인(戊寅)', '무인관(戊寅舘)', '임신년(壬申年)', '임신년말(壬申年末)', '백사(白寺)', '관택(舘宅)', '사관택(舍官宅)', '관(舘)', '관(官)', '성신(城新)', '신동(新棟)', '언(言)', '현(玄)', '병오 관택(丙午 舘宅)' 명 등이 있다.

이들 기와에 대하여 연구자는 기존의 삼국~고려시대 기와 연구 성과에 기초하여[6] '한산(漢山)', '주부(主夫)', '웅(熊)', '웅천주(熊川州)', '주부(主夫)', '백사(白寺)' 등의 제작시기를 8세기 후반으로 편년하였다. 더하여 1차성과 2차성에서 모두 확인되는 '관(舘)' 명은 9~11세기로 보았다. 그리고 이들 명문 기와에 대하여 검토를 하였는데, 그 내용은 이러하다.

'웅(熊)', '웅천주(熊川州)', '한산(漢山)'은 757년(경덕왕 16)에 중국식 지명으로 개정하기 전까지 사용된 지명이다. '백사(白寺)'는 당성 내 사찰과 관련되는 것으로 파악할 수 있는데, 통일신라기 여러 승려의 유학 및 해상 안전을 기원하기 위해 시설되었을 것으로 추정된다. '주부(主夫)' 명 기와는 인천 계양산성에서 가장 높은 출토율을 보이는 명문으로 현재까지 당성과 계양산성에서만 보고되었는데, 여기서 '주부(主夫)'란 부평지역 일대를 부르는 고구려식 지명인 '주부토군(主夫吐郡)'을 의미한 것으로 추정된다. 한편, '본피모(本彼謀)'는 왕경의 본피부 출신 관리가 당성의 축조에 관여했다는 것을 보여주는 자료로 이해된다.

------
6) 서예원·이정철, 앞의 논문, 2024.

이런 연구자의 검토와 견해에 몇 가지 소견을 덧붙이며 다음과 같다. 현재 백사지(白寺址)가 당성 내에 있었을 개연성은 있다. 이는 『삼국사기』 신라본기 태종 무열왕 8년(661년) 5월 9일 기사에 고구려의 장군 뇌음신이 북한산성을 공격할 때, 포차(抛車)를 벌여놓고 돌을 발사하였고, 그것에 맞는 북한산성의 성가퀴나 건물이 부서지자 안양사의 창고를 헐어서 그 목재를 실어다가 성의 무너진 곳마다 즉시 망루를 만들었다는 기록으로 우선 뒷받침된다.[7]

동시기 신라의 산성 내에는 사찰을 두었음을 보여주기 때문이다. 특히 당성이 험난한 중국 항해의 출발지이므로, 순항(順航)을 축원(祝願)하는 종교시설이 있었을 가능성은 높다.

『삼국사기』 「지리지」에 따르면, 당성군은 한산군의 속한 27개 군(郡) 가운데 하나였다. 주부토군(主夫吐郡) 역시 한산주가 관장하는 27개 군 가운데 하나에 속했다. 그런데 주부토군의 치소에 축성된 계양산성은 입지와 규모로 미루어 서쪽으로는 서해와 연접한 인천과 강화도 일대, 서북쪽으로는 한강 하류, 북동쪽으로는 김포평야 일대를 포함한 지역을 총괄하는 군사적·행정적 중심 거점이었다고 볼 수 있다.[8]

이런 사실로 미루어, 서해안에 위치한 소형의 산성인 당성에서 '주부' 명 기와가 출토된 사실은, 당성이 군사조직으로는 한산주와 주부토군의 예하였을 것이라 추측된다.

......

7) 『삼국사기』 「신라본기」 태종 무열왕 8년 5월 9일자 기사
"〔8년(661)〕 5월 9일(또는 11일이라고도 하였다)에 고구려의 장군 뇌음신(惱音信)과 말갈(靺鞨)의 장군 생해(生偕)가 군사를 합하여 술천성(述川城)을 공격해 왔다. 〔뇌음신이〕 이기지 못하자 북한산성(北漢山城)으로 옮겨가서 공격하는데, 포차(抛車)를 벌여놓고 돌을 날리자, 그것에 맞는 성곽이나 건물은 그대로 부서졌다. 성주(城主)인 대사(大舍) 동타천(冬陁川)이 사람을 시켜서 마름쇠를 성 밖으로 던져 깔아 사람이나 말이 다닐 수 없게 하고, 또 안양사(安養寺)의 창고를 헐어서 그 목재를 실어다가 성의 무너진 곳마다 즉시 망루를 만들고 밧줄을 그물같이 얽어서 소와 말의 가죽과 솜옷을 걸치고 그 안에 노포(弩砲)를 설치하여 막았다."
8) 김성태, 「총설, 고고학이 발굴한 인천」, 『인천광역시사』 1, 인천광역시, 2023, 37쪽.

6세기 초부터 설치된 신라의 소경에는 왕경인의 일부가 집단 이주했고, 다른 지방의 주민들이 사민(徙民)되는 경우도 있었다. 또 당시 왕경 중심부의 공간 부족으로 일부 지배층의 거주지를 경주 외곽으로 확산시켰다. 그런데 일부 귀족들은 소경을 비롯해서 주(州)·군(郡)으로 이주하였지만 왕경인이라는 정체성을 유지하기 위하여 자신과 가문을 왕경에 편적(編籍)하고 그 상태를 유지하였다.[9] 그리고 이런 연구 결과를 참고할 때, '본피(本彼)○' 명문기와는 의미심장할 수 있겠다. 곧 중원경에는 대가야 정복 이후 대가야의 지배층이 많이 이주하였고,[10] 금관가야계의 김무력이 신주(新州)의 군주가 되어 한강유역을 지배했듯이, 당성 일대로 이주한 지배세력이 본피부(本彼部)에 편적(編籍)된 왕경인 출신일 가능성을 보여주기 때문이다.

　한국고대사에서 '관(館)'은 외국사신의 숙소인 객관(客館)을 표기할 때 사용된 용례가 많다는 연구 결과를[11] 참고할 때, 당성 내에서는 조선시대 관사와 같은 사신이나 공무수행자를 위한 숙소가 있었던 것으로 파악된다.

　마지막으로 『삼국사기』 신라본기 법흥왕 25년(538년) 기사에는 "지방관이 가족을 데리고 부임하는 것을 허락하다.(二十五年, 春正月, 敎許外官携家之任)"는 내용이 있다. 이로써 당성에는 조선시대 관아의 내아(內衙)와 같은 지방관의 가족을 위한 건물이 존재했을 것이라 판단되며, '택(宅)' 명문기와가 내아용임을 표시한 것이 아닌가 추측해 본다. 이와 관련하여 『삼국유사』에서 귀족의 집을 재매정택(財買井宅), 지상택(池上宅), 양상택(楊上宅), 사하택(寺下宅), 정상택(井上宅), 이남택(衙南宅), 지택(池宅), 사상택(寺上宅), 교남택(橋南宅), 누상택(樓上宅) 등과 같이 '택(宅)'이라 지칭한 점이 주목된다.

······

9) 하일식, 「신라 왕경인의 지방 이주와 편적지(編籍地)」, 『신라문화』 38, 동국대 신라문화연구소, 2011.
10) 임병태, 「신라소경고」, 『역사학보』 35·36합집, 역사학회, 1967.
11) 최희준, 「신라 '党項城'의 연혁과 선덕왕대 나당관계」, 『선사와 고대』 47, 한국고대학회, 2016, 69쪽.

2) 당성 주변의 백제 유적에 대한 해석

이 소절에서는 당성이 축성되기 이전의 남양만 일대에 대한 역사고고학적 성격을 살펴보고자 한다.

청명산성은 당성을 기준으로 남동편에 위치한 테뫼식 산성으로 둘레는 1,200m이다. 북쪽 봉우리 일대만 석축이며 나머지는 토축으로 축성되었다. 산성에서 백제토기가 출토되었다. 백곡리고분군은 크게 3개의 그룹으로 나눠 북편에서부터 백곡리고분군2, 백곡리고분군3, 백곡리고분군1로 명명되고 있다.

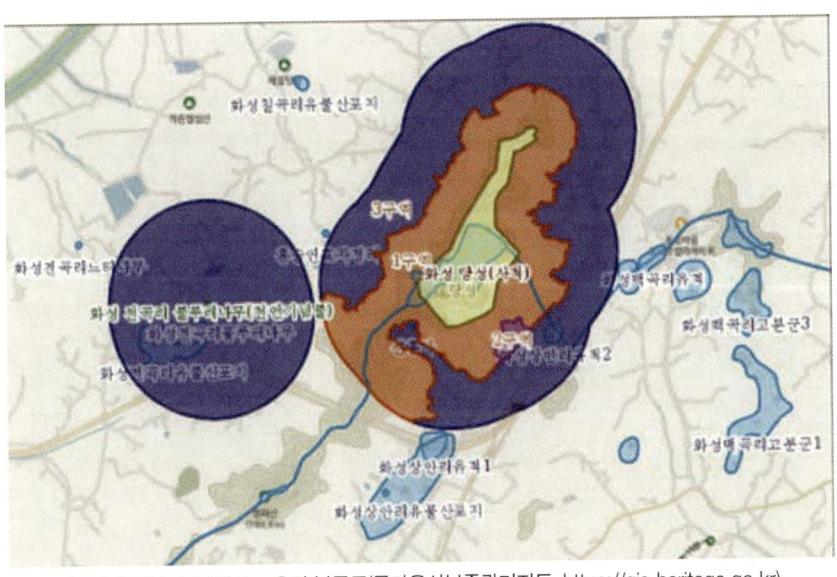

〈그림 2〉 당성 일대의 고고유적 분포도(국가유산보존관리지도, https://gis-heritage.go.kr)

기본 발굴조사에서 확인되는 석곽묘는 12기로 수혈식과 횡구식의 존재가 보고되었다. 이는 5세기 후반경부터 조성된 것으로 판단된다. 백곡리유적은 백곡리고분이 발굴조사된 산정상부의 동 남사면에 위치하는데, 발굴조사를 통해 백제의 저장구덩이와 고려시대 기와가마, 성격불명의 건물지 등이 확인되었다. 한편, 백곡리 사지는 남양지역에서 확인된 신라 사찰로 당성을 거쳐 중국을 오가는 승려의 숙식 및 기도 공간이었을 것으로 판단되는데, 시기는 삼국~고려시기에 해당된다.[12]

현재까지 경기만(인천만 포함) 일대에서 백제 중앙식의 석곽묘가 확인된 곳은 화성 마하리고분군과 화성 백곡리고분군이 있고, 백제의 마을유적으로는 화성 발안리 유적이 유일하다. 이렇듯 백제중앙식의 묘제와 마을은 남양만 일대에서만 확인된다. 그에 비하여 인천과 강화를 포괄하는 인천만과 안성천 유역을 포함하는 아산만 지역에서는 마한의 기층문화를 대표하는 주구묘와 사주식주거지가 표지적 유구이다. 이런 고고학적 사실은 현재 화성지역이 평택과 인천·시흥에 비하여 백제 중앙권력의 침투가 강했음을 보여준다.

그리고 이런 고고학적 사실을 참고할 때, 백제중앙세력은 북쪽의 인천, 남쪽의 평택 대신에 화성을 일차적인 지배의 대상으로 삼았는가 하는 궁금증이 자연스럽게 생긴다. 이런 궁금증과 관련하여 4세기 후반 백제는 앞선 시기의 황해 중부 횡단항로의 경험을 흡수하여, 장거리 연안항로 대신에 횡단항로를 교섭 항로로 활용하여 동진과 교섭이었을 것이란 연구 결과가 주목된다.[13]

나아가 이런 견해가 인정된다면, 신라가 당항성을 설치하기 이전에 대중국 해상 교역의 창구가 한성백제기에 이미 현재의 당성 일대에 존재했던 것이 아닌가 추측된다.[14] 그리고 이런 판단은 『대동지지(大東地志)』에서 남양을 연혁

-----
12) 안신원 외, 앞의 보고서, 2024, 29쪽.
13) 임동민, 「고대 항해 교섭·교류 항로와 경기만」, 『백제학보』 38.
송영대, 「백제와 신라의 국제교류와 한강 유역」, 『東 아시아 古代學』 4, 동아시아 고대학회, 2022, 457쪽.
14) 당성이 한성백제기에 축조되었을 가능성은 아래의 글에서도 제기되었다.
이기봉, 「전통시대 남양도호보의 중심지와 역사적 변화」, 『지리학논총』 45, 서울대학교 사회과학대학 지리학과, 2005, 419쪽.
황보경, 「7세기 초 삼국의 정세와 당항성 전투 의의」, 『군사』 96, 국방부 군사편찬연구소, 2015, 136쪽, 각주 5).

을 기술하면서 "본래는 백제(百濟)의 당항성(黨項城)이다"고 했던 사실로도 뒷받침된다. 사실 임진왜란 시 당항포 전투로 유명한 경상남도 고성(固城) 당항포(唐項浦)란 지명이 '닭+목'에서 유래된 사실을 참고할 때, 당성의 축성 이전에 백제에 의해 경영된 '닭목항', '당목항', '당항포'가 있었을 개연성은 있다.

3. 원효의 오도처에 대한 단상

1) 당은포로

여기서는 원효가 경주에서 해문에 이르는 경로를 살펴보고자 한다. 기존 연구에서는 경주-선산-상주-함창-계립령-충주-한강-당항성에 이르거나, 상주-보은-청주-진천-직산을 거쳐 당항성에 이르렀던 것으로 일반적으로 추측했다. 그러나 발표자는 이와는 다른 견해이다.

『삼국사기』 지리지의 '원신라 지역의 3주(州)를 설치했다'는 기사 가운데 "나라 경계 내에 3주를 설치하였다. 왕성(王城) 동북의 당은포(唐恩浦) 방면을 상주라 하였다(國界內, 置三州. 王城東北當唐恩浦路曰尙州)"란 내용이 있다. 이로써 당은포로는 경주사 출발지, 상주가 중간기착지, 당은포가 도착지임을 알 수 있다. 아울러 지금에 비유하자면 국가가 관리하는 국도(國道)였을 것이란 추측도 가능하다.

660년 사산성(蛇山城)이 위치했던 직산(稷山)은 신라와 백제의 국경선으로, 안성천 남쪽의 충남 천안시 직산읍을 중심으로 성환읍과 성거읍을 포함하는 지역으로 비정된다.[15] 어쨌든 고대와 현대를 막론하고 국경선 근처에 도로가 잘 완비되어 있을 가능성은 낮고, 그와 반대로 불의의 사고를 당할 가능성은 높다. 이런 일반 상식을 고려할 때 원효가 직산을 기착지로 삼았을 가능성은 낮다. 따라서 경주에서 당성에 이르는 최단거리라는 사실을 들어, 직산을 경유하는 길을 원효가 당항성에 이르는 길로 택했을 것이라는 주장에 동의할 수 없다.

철종 연간에 『대동여지도』를 필사하여 제작한 『동여도』(서울역사박물관 소장)를 보면, 화성 당성에 이르는 동서 횡단의 최단거리 순로(順路)가 확인된다. 이 도로는 남한강의 대표적 포구였던 가흥창을 출발하여, 음죽(현 이천)의 설성산성, 고성산(高城山)이 표기된 양성(陽城)을 거친 다음, 지금의 발안천 하류에 속하는 옹포(甕浦, 화성 월문리 근처)에서 북상하여 남양(南陽)의 해문(海門)에 이르는 경로로 이루어져 있다. 이 가흥-당성로는 안정이 보장된 직선로이고, 백제와의 접경선에서 벗어나 있다. 그래서 상주에서 계립령을 넘어 남한강 상류에 도착한 원효가 당성에 이른 경로로 삼았을 개연성이 가장 높다.

2) 해문(海門)

서긍의 『고려도경』에서는 "무릇 선박의 운행이란 해문(海門)을 나가 버리면 하늘과 땅이 잠겨 버려 위아래가 하나같이 푸르다"고 했다. 이에 해문은 '바다의 관문'을 의미함이 분명하다.

『동국여지지』에서는 "양재도 찰방사는 양재(良才), 낙생(樂生), 구흥(駒興), 김령(金嶺), 좌찬(佐贊), 분행(分行), 무극(無極), 강복(康福), 가천(加川), 청호

......
15) 김영관, 「660년 신라와 백제의 국경선에 대한 고찰」, 『신라사학보』 20, 신라사학회, 2010, 104쪽.

〈그림 4〉 『동여도』(서울역사박물관 소장) 속 해문(海門)

(菁好), 장족(長足), 동화(同化), 해문(海門) 등 13개의 역(驛)을 거느린다"했다. 그리고 "해문역은 남양도호부 동쪽 1리"에 있다고 했다.

『송고승전(宋高僧傳)』의 「당신라국의상전(唐新羅國義湘傳)」에서는 다음과 같이 기술하였다. "나이 약관에 이르자, 당(唐)에서 교종이 정성(鼎盛)하다고 들어 원효법사와 함께 서쪽으로 유학할 뜻을 같이하였다. 본국의 해문(海門)인[16] 당주계(唐州界)에 이르러 거함(巨艦)을 구하길 계획하고 장차 창파(滄波)

......

16) 아래의 논문에서는 583년 이후 당항성을 해문으로 불렀다고 보면서, 이후 중고기 전반에 신라인의 중국 유학이 성행하고, 신라 대중 외교의 주요 목적이 학술·문화 교류에서 청병(請兵)으로 전환되면서 당항성은 '신라의 해문'이란 위상을 굳혀갔다고 했다. 정덕기, 「6~7세기 전반 신라 신주의 재편 과 해문(海門) 당항성의 관방 체계」, 『군사』 129, 국방부 군사편찬연구소, 2023, 253쪽.

를 넘고자 하였다." 당시 대중국 출해구(出海口)는 당항성이었다. 그러므로 해문은 당항포, 당 주계는 당성군의 관내로[17] 읽어야 자연스럽다.

여기서 핵심은 해문(海門)의 비정에 있다. 카카오맵(https://map.kakao.com)에서 '해문'이란 지명을 검색하면 화성시 마도면 해문리가 유일하다. 『지방행정구 역명칭일람』(1912년 간행)과 1914년 지방행정구역 통폐합의 결과를 기록한 『조선전도부군면리동명칭일람』에서 '해문(海門)'이란 동리명은 경기도 화성시 마도면 해문리와 황해도 안악군 문산면 해문동 둘뿐이다. 그런데 안악군 문산면은 재령강 하류지역으로 해구(海口)로는 부적합한데, 그것은 경주에서 너무 멀리 떨어져 있기 때문이다. 따라서 역사 지명을 근거로 대중국 해상 관문으로 비정할 수 있는 곳은 현재 화성시 마도면의 해문리가 유일하다. 이를 뒷받침하듯 우리나라 최초의 지방행정구역명칭총람이라 할 수 있는 『호구총수』(1789년 간행)에서 '해문(海門)'이란 지명은 남양 관할의 마도면(麻道面)에 속한 해문동(海門洞)이 유일하고, 이 마도면에 백곡동(白谷洞)이 포함되어 있는 바, 원효의 오도처 관련 지명인 해문(海門)은 현재 마도면 해문리 일대, 넓게 보아서는 당성 일대로 보아도 하등 문제가 없다.

3) 무덤과 해골

우리 역사넷(contents.history.go.kr) 〉한국사연대기〉고대〉'원효' 항목에서 원효의 오도와 관련하여 대중적으로 정리한 내용은 이러하다. "의상과 원효는 661년(문무왕 1)에 두 사람은 2차 유학을 시도하는데, 도중에 밤이 되어 무덤 사이에서 잠을 청하게 되었다. 심한 갈증을 느껴 어둠 속에서 샘물을 손으로 떠 마셨는데, 물맛이 좋고 시원하였다. 하지만 날이 밝고 보니 그것은 해골에 고인 물이었고, 이를 알게 된 원효는 역해서 모두 토할 것 같았다."

......
17) 홍성민(洪聖民, 1536~1594)의 문집 『졸옹집(拙翁集)』의 「남양향관지(南陽鄕貫誌)」에서는 「계고요람(稽古要覽)」을 인용하여 "남양부를 옛날에는 당은군 또는 당주(唐州)라 불렀다"고 언급했다.

이 오도(悟道) 사건의 배경은 앞에서 살폈듯이, 현재 화성시 마도면 해문리 근처이다. 어쨌든 이 설화의 핵심 키워드는 무덤과 해골이다. 그리고 이를 합리적으로 해석하기 위해서는 7세기 전후의 신라시대 무덤에 대한 이해가 필요하다. 더하여 고신라 후기 신라 군현성(郡縣城)과 주변 무덤과의 관계에 대한 기본 이해도 요구된다. 이에 몇 가지 역사고고학적 기본 정보를 소개해 본다.

〈그림 5〉 김해 예안리 고분군의 횡구식석실묘와 인골 보존 상태

신라는 6세기 중엽인 551년~553년에 고구려가 차지하고 있던 한반도 중부의 한강 유역을 점령하여 그들의 영토로 삼았다. 일반적으로 신라의 정복 지역에 대한 통치방식은 고구려·백제와는 확연하게 다른데, 고구려와 백제가 간접지배방식이었다면, 신라는 직접지배방식을 실시하였다. 그 증거로 경기 지역의 행정거점에는 신라산성이 확인되고 그 주변에는 신라식 고분이 확인되는 점을 들 수 있다. 용인의 할미산성과 보정동 고분군, 교하의 오두산성과

성동리 고분군, 하남의 이성산성과 금암산고분군 등이 그것이다.[18] 따라서 당성 주변에 신라고분군이 존재할 가능성은 있다. 다만, 용인 구성지구 고분군의 분포에서 신라고분이 백제고분군을 파괴하지 않고 별도의 매장공간을 마련하여 축조된 사실을 참고할 때, 현재 백곡리고분군의 백제고분과 다른 영역에 존재하거나, 다른 곳에 매장되어 있을 가능성도 배제할 수 없다.

신라고분은 6세기 후반에 들어와 횡혈식석실이 상위 신분의 묘제로 채택되면서 횡구식석실은 하위 신분의 묘제로 되고 규모가 축소되었다. 횡구식석실은 신라의 대외 팽창에 수반되어 낙동강 서안과 충청도, 강원도, 한강유역으로 분포범위가 확장되었다.[19]

그리고 그 결과로 경기도 내의 용인 보정리고분군, 여주 매룡리고분 등에서 신라후기묘제에 속하는 횡혈식석실분과 횡구식석곽묘가 유행하게 되었다. 이에 고고학상으로 원효 오도 설화에 부합되는 무덤 양식이 660년대에 당성 일대에 존재했을 가능성은 충분하다.

삼국후기의 무덤에서 인골이 발굴되는 경우는 매우 드물다. 그런데 김해 예안리 고분군에서는 정방형횡구식석실분에서 다량의 인골이 발견되었다. 무덤의 입지가 고김해만(古金海灣)의 아래쪽에 위치하여 조개류의 석회질 속에 포함된 탄화칼슘이 유골에 스며들어 뼈의 부식을 막아주었기 때문이다. 따라서 원효 오도 설화의 '무덤 속 해골'이 당성 일대의 신라 무덤에 남아있었을 지리적 조건 역시 당성 일대는 갖추고 있다.

이미 언급했듯이 당성 출토 '본피모(本彼謀)' 명문기와를 통하여 신라 본피부의 세력이 당성 일대에 이주하여, 남양만 일대에 세거하였을 가능성을 엿보았다. 그리고 이런 추측을 신라산성 주변에 신라고분군이 분포한다는 일반적인 경향과 연결해 보면, 당성 주변에 현재까지 발견되지 않은 신라후기의

---

18) 김성태, 36쪽. ; 심광주, 「Ⅳ 신라성곽」, 『경기도의 성곽』, 경기문화재단, 2003, 177쪽.
19) 국가유산지식이음(https://portal.nrich.go.kr) 〉 한국고고학사전 〉 '신라고분' 검색.

고분군덤이 존재할 가능성은 남아 있다. 물론 당대 신라지배층의 무덤이 횡혈식석실분이기에 원효 오도 설화에 걸맞는 석실분도 혼재해 있었을 가능성도 있다.

이상으로 당성 주변에 신라인의 무덤인 횡혈식석실분과 횡혈식석곽분의 존재했을 가능성을 살펴보았다. 그리고 바닷물이 드나드는 만(灣)이라는 지형이 무덤 속 인골을 보전하기 적합한 환경이라는 사실을 김해 예안리고분군으로 알아보았다. 그래서 원효 오도 설화에서의 '무덤 속 해골'을 뒷받침할 수 있는 지리적·역사적·고고학적 요건을 당성 일대는 갖추고 있다고 볼 수 있다.

요컨대 현재까지 역사고고학적 자료에 의거할 때, 원효의 오도처는 당성 일대로 보아도 무방하다는 판단이다.

4. 맺는 글

이상에서 여러 가지 문헌자료와 고고학 정보, 그리고 관련 연구 결과를 동원하여 원효의 오도처는 당성 일대이라는 기존의 통설을 좀 더 다각적으로 옹호하였다. 더하여 당성의 발굴 결과에 대한 이해와 백제 당항포의 존재 가능성을 제시하였다. 이를 정리하면 이러하다.

하나. 김정호의 『대동지지』에서 "남양은 원래 백제의 당항성이다" 했다. 닭의 목과 같은 지형의 포구를 음훈차한 지명을 '黨項浦', '棠項浦', '党項浦, 唐項浦 등으로 표기했다. 따라서 당성 축성 이전에 당항포가 존재했을 가능성도 있다. 그리고 이런 추정은 백제 중앙 권력이 안성천 유역의 평택·안성, 인천만 유역의 인천·시흥에 비하여 화성 지역에 일찍 침투한 사실로 뒷받침된다. 그리고 이는 황해 중단항로가 동진 때에 이미 개척되었을 것이란 연구결과로도 방증된다.

둘. 당성의 명문 기와를 검토하고, 이를 문헌기록과 연결했을 때, 당성 내에는 공해건물(동헌, 창고) 이외에도 사찰, 내아, 객사 등의 시설이 존재했을 가능성을 엿보았다. 아울러 '본피모' 명문기와를 통하여 신라 6부 중 하나인 본피부 세력이 남양 일대에 이주·세거하였고, 이를 신라산성과 신라고분군이 짝을 이루는 사실과 연결하여 당성 주변에 신라고분군이 조성되었을 개연성이 높다고 보았다.

셋. 원효의 오도행과 관련하여 상주-계립령-충주 가흥리(남한강 수운의 중심)-음죽(설성산성)-양성-옹포(발안천 하류의 포구)-남양 해문리였을 것으로 보았다. 한편 당시 직산이 백제와 신라의 공방이 치열하였던 국경선이었던 사실에 의거하여, 청주와 직산을 경유하였을 가능성은 배제하였다.

넷. 원효 오도 설화 속 '무덤 속 해골'의 모티브는 당성 주변에 신라고분 지배층의 횡혈식석실분이 존재했을 가능성이 있었고, 이를 당성 일대가 유골의 보전에 양호한 지리적 환경이라는 사실과 연결하여, 그 개연성이 높다고 보았다. 따라서 현재까지 문헌자료, 지명학, 고고자료, 역사정황을 종합적으로 고려할 때, 원효 오도처로는 당성 일대가 가장 유력·유일하다고 보았다.

원효 오도처 문제는 여는 글에서 언급했듯이 문화콘텐츠의 개발 차원에서 접근해야 하고, 이를 위해서는 역사고고학적 정보를 바탕으로 밑그림을 그리고 이를 참고하여 스토리텔링을 시도해야 한다고 본다. 이런 관점에서 학문적 검증과 논증보다는 역사적 정황 판단을 위주로 거칠게 밑그림을 그려 보았다. 향후 이에 대한 검증·수정·보완이 이루어져, 원효 오도처의 실상이 보다 선명해지길 바란다.

02 원효 오도처
― 그 문헌적 증거와 역사적 상상력?

간호윤 (簡鎬允)

1. 들어가며
2. 원효의 생애와 사상적 배경
3. 원효의 오도 일화와 전승 분석
4. 화성 당성과 남양만 일대의 역사지리적 환경
5. 백곡리 고분군과 해문리 일대의 고고학적 분석
6. 원효대사 오도처로서 당성을 확정해야 하는 당위성
7. 오도의 문헌적 증거
   1) 890년, 「월광사원랑선사탑비(月光寺圓朗禪師塔碑)」
   2) 978년, 「서산보원사지법인국사탑비
      (瑞山普願寺址法印國師塔碑)」
   3) 961년, 『종경록(宗鏡錄)』
   4) 988년, 『송고승전(宋高僧傳)』 기록
   5) 1107년, 『임간록(林間錄)』
8. 나가며

02 | 원효 오도처
― 그 문헌적 증거와 역사적 상상력?[1]

간호윤(簡鎬允)[2]

1. 들어가며

원효대사(元曉, 617~686)는 한국 불교사에서 가장 위대한 사상가 중 한 명으로 평가받는다. 그의 사상의 전환점이 된 이른바 '오도(悟道)'는 여러 불교 전승 문헌을 통해 널리 알려져 있다. 원효가 당나라 유학길에 오르던 중 밤에 무덤 속 토굴에서 해골에 고인 물을 마시고 경각심과 대오를 얻은 일체유심조(一切唯心造), 즉 일심사상(一心思想)을 확립하게 되었다는 이야기는 상징적 설화로서 불교 사상의 심성론과 직결되는 중요한 일화이다.

그러나 이 일화의 구체적인 장소에 대해서는 오래도록 학계에서 다양한 설이 제기되어 왔다. 학자의 견해에 따라 여러 곳을 비정(比定)하였으나 대부분 '―설(說)'[3]에 그친다.

......
1) 이 글은 화성지역학연구소의 정찬모 소장님의 적극적인 도움을 받았음을 밝힌다.
2) 인하대학교 초빙교수
3) 골굴사 비정: 경주 인근의 골굴사는 수행지로서 상징성이 있으나 해골물 일화와 직접 연결되는 문헌적 근거는 부족하다.
수도사 비정: 지금의 경기도 평택시 포승면 원정리에 소재하고 있었던 廢寺된 修道寺址를 주목하나, 이를 뒷받침하는 문헌이 존재하지 않는다. 혹 유학길 경유지로서의 가능성이 있으나, 고고학적 증거는 제한적이다.

따라서 본 연구는 화성시 남양만 인근의 당성(唐城)과 그 인근 마도면 백곡리 고분군 일대가 오도처임을 지리적, 사료적, 고고학적 근거를 바탕으로 획정(劃定)해야 할 필요성을 제기하고자 한다. 특히 당성 및 백곡리 고분군 인근으로 비정(比定)하고자 하는 이유는 이 지역이 신라와 당나라 간의 해상 교류로 활성화되었던 남양만 일대에 위치하며, 당나라 사신과 유학생, 상인들이 오갔던 중요한 국제 교역항인 당은포(唐恩浦, 또는 은수포)와 직접적으로 연결되어 있기 때문이다.

　이에 관해서는 『삼국사기』, 『삼국유사』 등의 사료 외에도 『세종실록지리지』, 『신증동국여지승람』 등의 지리지 자료, 경기도문화재연구원의 고분군 발굴보고서, 그리고 화성시의 문화유산 보고서 등이 구체적 자료를 제공하고 있다.

　기존 연구에서는 원효의 오도처를 경주 일대, 또는 중부 내륙지방으로 보는 견해가 우세하였다. 대표적으로 조선시대 승려들이 남긴 사적이나, 20세기 초 동산스님의 구술자료, 일부 지방 설화 등을 토대로 한 연구들이 그렇다. 그러나 이러한 견해는 『삼국유사』에 나타난 '당나라 유학길에 오르던 중'이라는 전제와 '당시 국제 무역항 및 교통로'를 충분히 고려하지 못한 측면이 있다. 이에 따라 최근 일부 연구자들은 당성과 남양만 항로의 역사적 재조명을 통해 오도처를 서해안 무역항 인근으로 보는 새로운 시각을 제시하고 있다.[4] 본 논문은 이러한 선행 논문에 힘입어 새로운 관점을 더욱 확장하고 고고학적

......
　　향일암 비정: 여수 향일암은 원효 창건설이 있으나, 지리적 거리와 시대적 불일치로 인해 오도처로 보기 어렵다.
　　공통 문제점: 대부분 구전 설화에 의존하거나 문헌적 근거가 희박하며, 고고학적 발굴이 부족하여 실증적 검토가 어렵다.
　　오도처에 대한 기존 비정과 문제점을 보면 당성이 문헌적 근거와 고고학적 증거에서 가장 높은 타당성을 보이며, 원효의 사상적 전환과도 공간적으로 잘 부합한다.
4) 화성지역학연구소의 지속적인 관심과 고영섭, 「원효의 오도처와 화성 당항성」, 『신라문화』 50권, 동국대학교 신라문화연구소, 2017 등의 글이 그렇다.

및 사료적 근거를 바탕으로 당성이 원효의 오도처임을 입증하려는 시도이다.

원효 오도처를 당성으로 확정하는 것은 단순한 지명 고증을 넘어서, 한국 불교 사상의 공간적 기원을 재정립하는 데 기여한다. 더불어 경기도 화성시 일대가 고대 신라의 해상 외교, 무역, 불교 유학의 요충지였음을 재조명할 수 있으며, 지역 역사문화 자산의 정체성을 회복하는 데 실질적인 학술적, 정책적 의의를 지닌다.

특히 백곡리 고분군과 해문리 일대의 무덤지형은 '무덤에서 해골바가지의 물을 마셨다'는 전승과 일치하는 고고학적 조건을 갖추고 있어 주목된다. 따라서 본 연구는 지금까지 공간 분석, 역사 지리학, 고고학의 융합적 접근을 통해 학계에 제출된 문헌을 '2.~6.'에서 간단히 언급하고 '7.'에서 원효 오도처의 실체를 문헌을 중심으로 살피고자 한다.

2. 원효의 생애와 사상적 배경

6세기 후반에서 7세기 중반까지의 신라는 삼국통일을 위한 정치적 격변기였으며, 불교는 국가이념으로 정착하면서도 종파 간 갈등이 심화되는 양상을 보였다. 특히 교학불교의 발달과 함께 당나라 불교의 수용에 대한 관심이 커졌으며, 왕권 중심의 불교 수용 정책은 사찰 건립과 승려 교육의 제도화를 촉진하였다. 이 시기 신라는 고승들의 유학과 귀국 후 교단 형성이 활발했으며, 당대 중국의 불교 사상과의 접촉을 통해 새로운 교학 체계가 유입되었다.

원효의 생애: 원효는 진평왕 39년(617) 경주에서 태어났으며, 속성은 설(薛) 씨이다. 일찍이 출가하여 불교 경전에 통달하였고, 특히 화엄경과 열반경에 대한 해석에서 비범한 통찰을 보였다. 당나라 유학을 시도하였으나 오도 경험 이후 국내에 머무르며 대중불교와 실천불교를 전개하였다. 그의 사상은 교리적 분열을 넘어서려는 '화쟁사상'으로 집약되며, 이는 후대 불교사에 지대한

영향을 미쳤다.

　오도 이전의 원효는 엄격한 교학 불교의 추종자였으나, 오도 이후에는 형식주의를 넘는 실천 중심 사상으로 전환하였다. 특히 '일체유심조'는 그가 얻은 궁극적 통찰로, 이는 유식학(唯識學)과 중관학(中觀學)의 통합적 이해로도 평가된다. 이후 원효는 대중적 언어로 불교를 설하고, 소외된 민중을 위한 교화 활동에 전념하였다. 이러한 사상의 전환은 신라 불교가 귀족 중심에서 민중 중심으로 전환하는 데 중대한 계기를 제공하였다.

3. 원효의 오도 일화와 전승 분석

　『송고승전』 권5 「의상전」에 실린 원효의 오도 일화는 널리 알려져 있다. "원효가 의상과 함께 당나라로 유학을 떠나다가 당성 근처에서 노숙하게 되었는데, 밤중에 목이 말라 무심코 바가지에 든 물을 마시고 단맛에 감탄했다. 그러나 아침에 보니 그 물은 무덤 속 해골에 고인 물이었고, 이를 깨닫고 구토하며 깨달음을 얻었다"는 내용이다. 이 일화는 단순한 여행 중의 해프닝이 아니라, 불교적 각성이라는 극적인 전환의 순간으로 전해진다. 특히 '일체유심조'라는 구절은 마음이 현실을 구성한다는 대승불교 핵심 교리를 직접적으로 드러낸다.

　이 일화는 문학적으로도 상징성과 구조가 뛰어나다. '밤중의 무지', '죽음의 상징인 해골', '감각의 기만', '새벽의 각성'이라는 구도는 심리적 전환을 상징적으로 표현한다. 고대 문학의 구조 속에서 이는 현실과 환상의 경계가 무너지는 일종의 깨달음의 서사로 작용하며, 불교의 선(禪)적 사유와 자연스레 연결된다. 또한 각성은 '부정정토(不淨淨土)'의 개념과도 연결되며, 중생의 마음이 바로 불국토를 만들 수 있음을 은유한다.

　흥미로운 점은 『삼국유사』에서 지명은 명시되어 있지 않지만, '당나라로 가는 길', '의상은 당나라로 가고, 원효는 돌아왔다' 는 점이 강조되어 있다는 것이다. 이는 원효와 의상이 경주에서 당나라로 가기 위해 '해상 항로를 이용했다는 전제를 조건'으로 하며, '경기도 화성시 남양만 일대, 특히 당성 및 당은포가 실질적인 출항지였다는 역사적 정황'과 맞물린다. 이 지역은 실질적으로 백제 유적과도 연결되며 신라·고구려·백제의 전략적 요충지였다. 7세기에는 신라의 해상 거점으로 지역을 확보하며 대당나라 교통로로 기능하였다.

4. 화성 당성과 남양만 일대의 역사지리적 환경 [5)]

......
5) 「관계자료」1) 참조. 좀 더 구체적인 당성 인근 관계 지명은 이렇다.(정찬모 소장과 화성지역학연구소에서 발굴)
   1. 질명신의 위치; 실녕산은 청녕산 정상에서 북쪽으로 뻗은 줄기
   2. 지내산의 위치; 지내산은 청명산 정상에서 서쪽으로 뻗은 줄기(법흥사)
   3. 장생사(장생이굴)터; 마도면 백곡리 451-1절명산 아래 골짜기(한국건설연구원.)
   4. 나리실(나루실); 마도면 백곡리 593(작은 나루터)
   5. 백제고분 아래 절터; 마도면 백곡리 553(소유자 증언)
   6. 입피골(직산); 마도면 백곡리 720-1(직산의 순 우리말)
   7. 또나또목장(고분군) 입구; 마도면 백곡리 531-1
   8. 백곡리 고분군; 마도면 백곡리 산 91, 산94-1, 산 99(원효대사 오도처)
   9. 백곡리토성; 마도면 백곡리 산 135(백제, 신라시대 토성)
   10. 백곡리사지(寺地); 마도면 백곡리 산 104(통일신라시대 절터)
   11. 백곡리 유적발굴터; 마도면 백곡리 103 일원(백제, 신라시대 거주지)
   12. 구리개; 마도면 백곡리 295(갯벌. 포구)
   13. 행기실(향기실); 마도면 백곡리 산 94(제3고분 아랫마을 월랑선사 거주지 비정)
   14. 정미기(정배기); 마도면 백곡리 산 87(경상도방언으로 표준말 정수리)
   15. 고래골; 마도면 백곡리 871 골짜기(큰 골짜기의 우리말)
   16. 소고리(소곶이); 마도면 백곡리 50(물가로 튀어나온 땅의 지형)
   17. 검산이; 마도면 백곡리 산 136일원(금당리의 우리말 어원)
   18. 금당리 엄나무공원; 마도면 금당리 87-16(중국으로 가는 사신들이 지나간 길옆 공원)
   19. 적개(적포); 마도면 금당리 235-9(금당리 산 밑 작은 포구)
   20. 해문리(역골, 역말, 굿벌) ; 마도면 해문리 476(역원이 있었던 지역)

'당성(唐城)'[6]은 화성시 송산면 고정리 일대에 위치한 고대 성곽 유적으로, 『삼국사기』 및 『세종실록지리지』 등에도 그 지명이 기록되어 있다. 당성은 남양만을 끼고 있는 해안성과 가까운 지형적 이점으로 인해 해상 교통의 요충지로 기능했으며, 신라-당 간의 해상 교역과 유학생 왕래의 관문이 되었다. 당나라로의 통항은 주로 서해를 통해 이뤄졌고, 당은포는 자연적 항만 조건을 갖추고 있어 고대 국제무역의 거점으로서 기능과 원효 오도처로서 반증할 만한 지리적 정황도 갖추어져 있다.

당성 주변을 에워싸고 고분1군, 고분2군, 고분3군, 백사지터, 염불산, 역골, 당은포, 은수포, 백곡리토성, 청명산성, 장생사터, 홍법사 등이 모두 당성 주

......
21. 해문리포구; 마도면 해문리 355(배를 메어놓았다고 전해 오는 포구)
22. 역말; 마도면 석교리 산13-7(역원이 있었던 마을)
23. 석교포; 마도면 석교리 130-3(조선지지에 나오는 포구)
24. 청원초교(청원성); 마도면 청원리 228-4(토성으로 성안성으로도 불리었음)
25. 송대; 마도면 청원리 산30-1(사신을 영접하던 루각)
26. 청명산성; 마도면 고모리 산80-2(청명산에 있는 산성)
27. 은수포; 서신면 전곡리 558(당성 아래에 있던 포구)
28. 염불산; 서신면 전곡리 산93(당성과 광평리 임포 사이의 산(봉화산)
29. 바리고개; 서신면(전곡리 398) 상안1리 마을회관 앞실로 넘어가는 고개
30. 원골(院莊里); 서신면 전곡리 354(院莊里-중국으로 가는 사신이나 여행객이 머무른 숙소)
31. 임포; 서신면 광평리 222-1(남양장성 끝에 있던 포구)
32. 왕모대포구; 서신면 용두리 2-1(화홍방조제로 없어진 포구)
33. 백석포; 서신면 용두리 776(서신면 매화리 간척으로 없어진 포구)
34. 남양역골; 화성시청 부근(남양리 2089 부근) 해문리역골 전의 역원
35. 장덕리포구; 남양읍 장덕리 929-1(화홍방조제로 없어진 포구)
36. 외포; 남양읍 원천리 771(시화방조제로 인해 없어진 포구)
37. 개죽포; 남양읍 남양리 2339 일원(시화호방조제로 인해 없어진 포구)
38. 하라문; 남양읍 남양리 1018(바닷물로 인한 황무지의 일본말)
39. 동대; 마도면 슬항리 산 10(전망대)
39. 안골; 마도면 백곡리 산 184-21(장생사가 위치했던 골짜기)
40. 부터골; 마도면 백곡리 432(장생사에 붙어있는 골짜기)
41. 앞골; 마도면 백곡리 942(금당리 앞쪽의 골짜기)
42. 후곡동; 마도면 백곡리 335(백곡리토성에서 서쪽에 있는 골짜기)
6) 신라 경덕왕 16년(757년) 당은군(당성)을 수성군(매홀)로 개편하였다.

변에 있기 때문이다.[7]

특히 이 당성 인근 마도면 백곡리 일대에는 고분군이 조성되어 있으며, 경기도문화재연구원과 화성시의 발굴 조사 결과, 이 지역은 6~7세기 신라 고분과 백제계 유물이 혼재된 이질 복합 지대임이 확인되었다. 특히 석실분과 봉토분 등이 존재하며, 이는 『삼국유사』의 오도 전승에서 나타나는 무덤, 해골, 바가지 등의 상징과 지형학적으로 부합한다. 현재까지 남아 있는 고분의 구조와 위치는 실제로 야간에 잘못 들어가 노숙을 할 수 있었던 폐묘의 가능성을 시사한다.

대(對) 당(唐) 항로로서 당성 관계문헌으로는 최치원(崔致遠, 857~927?) 「무염화상비명병서」가 그 방증이다.

> "장경(長慶) 초에 이르러 조정사(朝正使)인 왕자(王子) 흔(昕)이 당은포(唐恩浦)에 배를 대었으므로 함께 타고 가게 해달라고 청하니 허락하였다.(洎長慶 穆宗年號 初 朝正使 春秋傳 諸侯朝正於王 王子昕金陽 字魏昕 太宗之後 金周元之曾孫 艤舟唐恩浦 南陽郡 請寓載 許焉)"[8]

여기서 '장경'은 당 목종(唐穆宗)의 연호로 821년에서 824년까지이다. 이를 보면 9세기에도 여전히 당은포[9]가 항구임을 알려준다. 예전에는 구봉산(165미터)[10] 밑에까지 바닷물이 들어와서 수로를 따라 배들이 드나들었다. 이

......
7) 지리적·역사적 정합성으로 미루어 당항성은 남양만 당은포를 관할하던 성임이 분명하고 신라 견당사들이 당나라로 출발하던 중부횡단항로의 출발지였음도 분명하다.
당나라로 가는 또 한 항로는 전남 나주군 다시면 영산강 하구에 있던 會津이다. 이 항구는 서해 남단을 횡단해 중국의 회수와 장강 하구 및 절강 하구로 나아가는 관문이었다.
8) 『고운집』 제2권/碑,「無染和尙碑銘 並序 奉敎撰 下同」
최치원은 48대 景文王(재위 861~875) 때인 868년에 12세의 나이로 당나라로 유학을 떠났다. 그때도 이 당은포를 이용했음이 분명하다.
9) 최치원은 경주 → 상주 → 계립령 → 남한강 상류 → 남양(당성)으로 이어지는 경로를 통해 당항포에 도달했을 가능성이 높다. 의상과 원효 역시 이 경로를 이용하였을 가능성이 크다.

지역에는 당항포와 은수포, 화량포, 마산포 등의 옛 항구가 있었다. 한치윤(韓致奫, 1765~1814)의 『해동역사』「교빙지」에도 이에 관한 기록이 보인다.

> 살펴보건대 육조(六朝)시대 때에는 백제와 신라가 모두 해로(海路)를 경유하여 조공하였으며, …당나라 때에는 신라와 발해 등 여러 나라가 모두 바다를 건너와서 조공하였는데, 신라는 지금의 남양(南陽) 덕물도(德勿島)와 풍천(豐川)의 초도(椒島)가 모두 중국과 왕래하는 문호였다.(按六朝時 百濟新羅 皆由海路朝貢…唐時 新羅渤海諸國 亦皆航海朝貢 新羅則今南陽之德勿島 豐川之椒島 皆爲往來之門戶)[11]

여기서 '남양' 이 바로 당은포이다. 당은포(銀樹浦: 釜浦: 唐串)[12]는 오늘날 화성시 서신면 일대에 위치하며, 조선시대까지도 중요한 포구로 기능하였다. 『신증동국여지승람』에는 이 지역이 조운로 및 군사 해상 교통로로 활용되었음을 보여주는 기록이 있다. 이는 곧 신라 시대에도 이 지역이 국제 해상 항로의 일부였을 가능성을 뒷받침한다. 실제로 신라 유학생들과 사신들이 당나라 등주(滕州)[13]로 갈 때, 황해를 건너는 가장 안전하고 빠른 항로 중 하나로 당은포가 사용되었음은 넉넉히 반증이 가능하다. 원효와 의상 역시 이 노선을 따라 당나라로 향했을 가능성이 크다.

---

10) 당항성이 위치한 경기도 화성시 마도면에 위치한 구봉산은 인근에 화량진성과 마산포, 청명산성, 사강 등이 있다.
11) 한치윤, 『해동역사』 제40권/「交聘志」 8 '海道'
12) 1882년 임오군란 당시, 흥선대원군 이하응이 청나라로 납치되어 배를 탄 장소도 인근의 경기도 화성시 송산면 고포리의 마산포이다. 현재 마산포는 시화호 간척사업으로 인해 육지로 변해 뱃길은 끊겼다.
13) 중국 산둥성[山東省] 짜오좡[棗莊]

5. 백곡리 고분군과 해문리 일대의 고고학적 분석[14]

화성시 마도면 백곡리와 해문리 일대에는 신라와 백제계의 고분이 혼재된 독특한 양상의 고고학적 유적들이 분포한다. 경기도문화재연구원과 화성시의 조사에 따르면, 이 지역에는 석실분(石室墳), 횡혈식(橫穴式) 석실분, 봉토분(封土墳) 등 다양한 유형의 고분이 확인되었다.

특히 백곡리 고분군에서는 돌방무덤의 내부 구조와 부장품이 6~7세기의 신라 지배층과 연관된 것으로 분석되고 있다. 고분의 입지 또한 구릉지와 완만한 경사면을 따라 분포하고 있어, 자연적인 동굴 혹은 폐묘의 형성 가능성도 높다.

백곡리 고분군에서는 토기류, 철기류, 청동기 장신구 등 다양한 유물이 출토되었다. 특히 토기는 편년상 7세기 전반에 속하는 것으로 보이는 유물들이다, 이는 원효가 오도한 시기와 시대적으로 일치하며, 고분의 사용 시기를 명확히 해 준다.

또한 일부 유물은 백제계 양식의 영향을 받은 것으로 분석되며, 이는 이 지역이 문화 교류 지대였음을 시사한다. 이는 신라의 해상 진출 과정에서 백제 잔존 세력과의 융합 혹은 충돌의 흔적으로도 해석 가능하다.

무덤은 불교에서 죽음과 윤회의 상징일 뿐 아니라, 깨달음의 장소로도 기능한다. 『삼국유사』의 오도 일화에서 '무덤 속', '해골', '바가지의 물'이라는 요소들은 모두 전통 불교 상징과 일치한다. 백곡리 고분군과 해문리 일대는 실제로 밤중에 행인이 잘못 들어가 노숙할 만한 구조와 입지를 지니고 있으며, 오도 전승의 공간적 조건과 고고학적 실체가 상호 부합하는 사례이다. 따라서 이 지역의 고분군은 단순한 장묘시설을 넘어, 원효의 오도 장소로서 상징성과 가능성을 갖춘다.

......
14) 「관계자료」2)~「관계자료」7) 참조.

6. 원효대사 오도처(悟道處)로서 당성[15]을 확정해야 하는 당위성

『삼국유사』 권5 「의상전(義湘傳)」에 따르면 원효는 의상과 함께 당나라 유학길에 올랐으며, 배를 타고 등주로 향하려 했다고 기록되어 있다. 이는 경주 내륙에서 출항이 불가능하다는 점을 고려할 때, 서해안의 국제항이 유력 경로로 선택되었음을 시사한다. 『삼국사기』 및 『삼국유사』에는 구체적 지명이 등장하지 않지만, 당은포를 통한 해상로[16]가 유력한 경로였으며, 당성은 이러한 해상 교통의 주요 거점이었다. 따라서 당성은 문헌상의 서술과 지리적 정합성을 가장 잘 만족시키는 후보지이다.

오도 일화에서 핵심은 "무덤 속에서 밤을 지새우고 해골바가지의 물을 마셨다"이다. 이는 어두운 밤중에 폐묘, 혹은 고분 내부로 잘못 들어간 상황을 전제로 한다. 백곡리 고분군 일대는 야간 노숙 가능성이 있는 구조와 입지를 지니며, 고분의 크기나 개방된 형태가 당시 여행자의 실수로 진입할 수 있는 조건과 일치한다. 이는 단순한 전설이 아니라 실질적 사건 가능성을 반영하는 중요한 공간적 단서로 작용한다.

원효의 '일심(一心)' 사상은 깨달음의 단초로서 심적 전환을 강조한다. 무덤, 해골, 물이라는 삼중 구조는 불교적 무상(無常)과 공(空)의 상징체계와 맞물린다. 당성은 단순한 지역 명소가 아니라 신라와 당의 교류, 문명의 경계지대, 사상의 변곡점이 중첩되는 장소적 성격을 지닌다. 이러한 상징성과 지리적 중층성은 오도처로서의 장소성을 더욱 강화한다.

당성을 원효의 오도처로 확정하는 것은 화성시와 남양만 일대의 고대 해상교류사, 불교사, 사상사의 핵심 거점을 규명하는 것이다. 이는 단순한 위치 고증을 넘어, 지역 문화유산의 정체성 확립과 교육 및 관광자원으로의 확장 가

......
15) 「관계자료」8)~「관계자료」9) 참조.
16) 「관계자료」10) 참조.

능성을 지닌다. 학문적으로는 고전 문헌의 지리적 재해석, 전통 설화의 공간적 환원, 그리고 고고학 유적과의 정합성 확보라는 점에서 종합적 의의를 지닌다. 이제 '7.'에서 그 문헌적 근거들을 살펴보겠다.

7. 오도의 문헌적 증거

원효의 생애는 「고선사서당화상비문」[17]과 『송고승전』 소재 「원효전」과 「의상전」[18], 「원효불기」[19], 「의상전교」[20], 「전후소장사리」[21], 「원승전」[22], 『임간록』[23], 『지월록』[24] 등에 보인다. 그러나 이 중, 오도에 관한 자료는 원효 입적 후, 200년이 지난 후의 자료에 비로소 나타난다. 국내의 「월광사원랑선사탑비(月光寺圓朗禪師塔碑)」(890년), 「서산보원사지법인국사탑비(瑞山普願寺址法印

---

17) 「高仙寺誓幢和上碑文」은 승려 원효의 일대기를 적은 비이다. 이 비문에서 원효의 어릴 때 이름이 '誓幢'이었음을 알 수 있다.(9서당 중의 綠衿誓幢이라는 점에서 軍號로 보는 설도 있다.) 비는 하단부와 상단부가 깨어져서 따로 따로 발견되었다. 하단부는 1915년 5월 9일에 조선총독부 참사관실에서 한국금석문의 수집과 정리에 종사하던 일본인에 의하여 경상북도 경주시 월성군 내동면 암곡리 고선사터에서 3편으로 조각난 채로 발견되었다. 현재 고선사터는 덕동댐의 건설로 수몰되었다. 비는 원효의 손자 薛仲業(779~780)이 일본에 사신으로 다녀온 후에 원효를 추모하기 위하여 당시 정치적 실권자인 金彦昇의 후원으로 건립되었다. 구체적인 건립 시기는 알 수 없지만, 애장왕의 재위 기간(800~808)이었던 것만은 확실하다. 이 비는 원효의 일대기를 정리한 가장 오래된 자료로서 현재 원효 연구에서 매우 귀중한 사료로 활용되고 있으나 원효의 오도에 관한 내용은 없다.
18) 『宋高僧傳』권4, 「義解」제2의 1(大正藏 제50책, 730쪽).
19) 一然 『三國遺事』권4, 「義解」5 '元曉不羈'
20) 一然, 『三國遺事』권4, 「義解」5, '義湘傳敎'
21) 一然, 『三國遺事』권3, 「塔像」4, '前後所將舍利'
22) 元代 浙東沙門 曇噩 찬, 『新修科分六學僧傳』권28, 定學 證悟果(日本續藏第貳編乙 6套 5册; 영인본 제33책, 464쪽)
23) 송대 石門慧/德洪(覺範) 찬, 『林間錄』卷上(卍續藏第貳編乙, 21套 4册 295左上(影印本148책, 590쪽)
24) 명대 瞿汝稷 集, 『指月錄』권7, 未詳法嗣(卍續藏第貳編乙, 16套 4册(影印本 143책), 78쪽.

國師塔碑」(978년), 그리고 중국에서 기록된 『종경록(宗鏡錄)』(961년), 『송고승전(宋高僧傳)』(988년), 『임간록(林間錄)』(961년) 등 다섯 문헌이다. 이제 이 문헌들을 하나씩 살펴보겠다.

1) 890년, 「월광사원랑선사탑비(月光寺圓朗禪師塔碑)」

원효대사의 오도와 관련된 기사가 최초로 기록된 것은 신라 선덕왕 4년(890)에 세운 충주의 「월광사원랑선사탑비」에 원랑선사(圓朗禪師, 816~883년)[25]가 오묘한 진리를 배우고자 직산(樴山)[26]에서 3개월 동안 머물러 있었는데 신승 원효대사가 도를 이룬 곳이라는 내용이다. (탑비의 비문에 쓰여진 원효대사 득도처에 대한 지명과 4자 결락 부분)

> 자인선사는 그(원랑선사)의 우아한 품은 뜻을 살펴보고 자신이 가르칠 수 없음을 알자 이에 달리는 말에 채찍을 가하듯 격려하여 용과 코끼리와 같은 마음을 내도록 자극하였다. 이에 선사는 곧 꼭 배우고자 하는 마음을 조용히 간직하고 그윽하고 미묘한 이치를 공부하고자 하여 직산(樴山)에 이르러 ……(4자 결락)에 거처하였는데 이곳은 신승(神僧) 원효대사(元曉大師)가 도를 깨치신 곳이었다.(忍禪師察其雅懷知非所敎 乃設馬鞭之義激揚龍象之心 師卽潛□憤悱 欲扣玄微爰抵樴山寓□□□□ 乃神僧元曉 成

......

25) 성주산문 초조인 朗慧和尙 無染(800~888년)의 제자이다. 다만 스승보다 5년 먼저 입적하여 스승의 비석보다 앞서 세워졌다. 이「월광사원랑선사탑비」는 충북 제천군 한수면 송계리 월광사 터에 있었던 것을 1922년에 일제가 경복궁으로 옮겨와 지금은 국립중앙박물관에 있다. 보물 제260호인 이 탑비는 886년에 세워진 「선림원지홍각선사탑비」양식과 884년에 세워진 「보림사보조선사창성탑비」양식을 계승, 절충한 모습을 보이고 있다.
이 탑비의 비문을 지은 사람은 헌강왕 10년(884)에 세워진 「보림사보조선사창성탑비」를 썼던 金穎이다. 보조선사 體澄(804~880)이 돌아가고 나서 헌강왕 9년(883) 3월15일에 왕명을 받들어 비문을 짓기 시작하여 그 해에 이를 끝마쳤던 듯, 비석은 그 다음해(884) 9월 19일에 세워졌다.
26) 오늘날 충청남도 稷山으로 보는 학자들도 있었으나 지금은 학계에서 백곡리(입피골)를 인정하는 추세다.

道之所也

　이 글에서 문제가 되는 글자가 바로 '직산'이다. 우리나라 지명어 '피골'의 일반적인 '피'는 그 훈인 '기장'을 표현하는 '기장직(稷)'을 사용하여 '직산(稷山)'의 지명어[27]로 전국의 지명에 많이 분포되어 있다.

　그러나 화성시 마도면 백곡리[28] 토박이 마을 이름인 '입피골'[29]은 한자어로 '직산(樴山)'이 된다. 백곡리의 '입피골'의 '입피'는 오직 화성지역에만 나타난다. '입피골'의 전부지명소인 '입피'를 한자음으로 옮길 때, 세운다는 접미사 '입'과 훈이 '피'인 전부지명소를 만들면서 '말뚝직(樴)'[30]이 되기 때문이다. 월랑선사탑비의 비문의 '직산(樴山)'도 이렇게 표기된 것으로 보인다.

2) 978년, 「서산보원사지법인국사탑비(瑞山普願寺址法印國師塔碑)」[31]

　법인국사 탄문(法印國師 坦文, 900~975)의 「서산보원사법인국사탑비」에 원효대사 득도처에 대한 기술이 보인다. 그 기록은 이렇다.

------

27) 지명어에는 전부의 전부지명소와 후부의 후부지명소로 구성되고 접미사는 후부지명소가 아니라 전부지명소에 속한다. 지명어 '입피골'은 전부지명소인 '입피'와 후부지명소인 '골'로 구성되어 있다. 전부지명소인 '입피'는 접미사 '입'을 전부지명소 일부로 간주하며 잠재적 기능을 하고, 전부지명소인 '피'는 일반적인 대상을 구체화하고 특성화하는 기능을 갖는다. 후부지명소인 '골'은 구역 변별의 필요성을 절감하고, 구역을 소재로 한 상호간의 의사소통에 편의를 도모하려는 데에서 비롯된다. 그리하여 태고적부터 지칭 대상이 되는 각종 지형물들에 이름을 붙이는데 우선은 지형의 일반적 형태인 '산·내·들·골짜기' 등등으로 대분류하였을 것으로 생각된다.
28) '원효대사가 백곡리에서 잠을 자고 갔다'는 유래가 전해 내려온다는 증언을 백곡2리 이장 안순학(백곡리 720-1) 씨가 하였다.
　　정찬모,『화성마을 땅이름의 뿌리』, 도서출판 국보, 2021, 71쪽에서 인용.
29) 화성시 마도면 백곡리 720-1.
30) 또한 '心猿意馬, 원숭이처럼 뛰는 마음을 붙잡아 맨다'를 적극 해석하여 '말뚝 樴'으로 해석할 수도 있다.
31) 비문에 의하면, 법인국사는 광종 25년(974)에 國師가 되었고, 이듬해에 입적하였으며, 비는 경종 3년(978)에 세웠음을 알 수 있다.

향산대사가 대덕화상(大德和尙)을 찾아가 아뢰었다. 대덕화상이 대사를 보니 풍채와 기백이 뛰어났다… "나는 스승이 될 자격이 없으니 다른 큰 스님을 찾아가라" 하였다. (그리하여) 대사는 고승과 오래된 사적을 빼놓지 않고 반드시 찾아보려 떠나려 하니 대덕화상이 말씀하셨다. "옛 노인들 사이에 전해 오는 말에 따르면, 향성산(鄕城山) 안에 절터가 있는데 옛날 원효보살(元曉菩薩)과 의상대덕(義想大德)이 함께 머무르며 쉬던 곳이라 한다" 하였다. 대사(大師)가 '이미 성적(聖跡)에 대하여 들었으니 내 어찌 그곳 현기(玄基)에 나아가서 수도하지 않으랴' 하고, 마침내 그 구허(舊墟)에 풀집을 짓고, 원숭이 같은 마음과 말 같은 생각을 억누르고 이에 발을 멈추고 이에 마음을 가지런히 하여 수년을 지냈다. 당시 부근 사람들이 성사미(聖沙彌, 성스러운 어린 스님)라고 일컬었다고 한다.(去謁鄕山大寺 大德和尙 和尙見大師 鳳毛奇相 …吾非汝師 可往勝處 大師方欲僧之眞者必訪 跡之古者必尋 會歸觀曰 古老相傳 鄕城山內 有佛寺之墟 昔元曉菩薩 義想[32]大德 俱應居所憩 大師旣聞斯聖跡 盍詣彼玄基 以習善逵茇于其舊墟 檻心猿仰[33]意馬 于以休足 于以齋心 經應數 年時號之聖沙彌)

이 비문의 내용으로 미루어 원효대사는 분명 향성산(鄕城山) 안 절에 있었음이 분명하다. 비문에 의하면 탄문는 '속성(俗姓) 고 씨(高氏)이며 광주(廣州) 고봉인(高熢人)'이라 하였다. '고봉'은 『신증동국여지승람』에 보이는 고봉현으로 지금의 고양군이며, '고 씨'는 그곳의 토성(土姓)이다.[34] 그렇다면 향성산은 어디일까? 탄문의 고향이 고양이니 향산대사(鄕山大師)도 인근에 있는 절의 스님이 아닐까 한다. 또 탄문이 아직 어린 나이였기에 절이 있다는 향성산은 그리 멀지 않은 곳에 위치해야 한다.[35]

......
32) '湘'의 誤記.
33) '抑', 혹은 '柳'로 읽는 탁본도 있다.
34) 『신증동국여지승람』 권11, 고양군 「건치연혁」 참조.

그렇다면 향성산은 화성시 마도면 백곡리 "향기실" 마을 뒷산이 유력하다. 『삼국사기』 지명을 보면 '지', '기' 가 '성(城)' 과 대응되고 있음이 보이기 때문이다.[36]

'기(己) 〉 성(城)' 으로 되는 예: '결기(結己) 〉 결성(結城)'[37]과 '열기(悅己) 〉 열성(悅城)'[38]

신라 경덕왕(757년) 당시의 지명 개칭 때 많은 지명이 바뀌었으나 "향기실"은 소지명인 관계로 남아 아직까지 그대로 '향기실' 로 불리어오고, 백곡리 발굴 당시 보고서에 토성이 있었음을 확인하였다. 따라서 '향기실' 이 '향성산' 임이 유력하다.

상기 내용으로 미루어 화성시 마도면 백곡리[39]를 원효대사 오도터로 주목할 필요성이 강하게 제기된다. 백곡리에는 한성백제시대 대형 고분군이 존재한다. 또 해당 지역에는 입피글[犧山], 향기신[鄕城山][40], 백사지(白寺址)[41], 부

-----

35) 고양 인근이기에 북한산으로 추정하는 학자들도 있다. 그러나 북한산 어디에도 '향성' 과 관계되는 비명은 없다.
36) 배우리, 『우리땅 이름의 뿌리를 찾아서』 2권, 1994, 307쪽 참조.
도수희, 『한국지명연구』, 이회, 1999, 391쪽 참조.
도수희, 『백제의 언어와 문학』, 백제문화개발연구원 역사문고 1, 2004, '백제말의 단어 해석' 267쪽 참조.
37) 충남 홍성군 결성면. 『동국여지지』 제3권/忠淸道 右道○洪州鎭 結城縣에 "본래 백제의 結己縣이다. 신라 景德王 때에 潔城郡으로 고쳤다" 는 기록이 보인다.
38) 충남 청양군 정산면. 『동국여지지』 제3권/ 忠淸道 右道○公州鎭 定山縣에 "백제의 悅己縣이다. 일명 豆陵尹城이라고 한다. 신라 景德王 때에 悅城으로 고쳤다" 는 기록이 보인다.
39) 백곡리 백제 대형고분군은 제1군묘역 마도면 백곡리 산 91, 제2군묘역 마도면 배곡리 산99, 제3군묘역 마도면 백곡리 산94-1로 나뉘어 발굴되었다. 백제 漢城期 고분군으로 南陽半島의 해안가 가까이에 있는 백곡리 향기실 마을 뒤 해발 90m 내외 야산 정상부 능선과 사면에 분포하고 있다.
40) 화성시 마도면 백곡리 산94 일원.
41) 화성시 마도면 백곡리 산104 일원.

터골(부처골)⁴²⁾ 등 고대 지명이 남아 있으며, 이는 문헌 속 '직산', '향성산'과 연결된다는 것도 위에서 언급하였다.

오도처로 추정되는 백곡리 백제고분군 아래에는 '화성 백곡리 사지'와 '백사'가 있다. 백사는 백곡리 유적이 위치한 능선에 접하여 있다. 특별히 건물지의 징후가 강하게 나타났으며 특히 명문의 존재를 통해 이곳에 '백사(白寺)'라는 사역(寺域)이 있었음을 알 수 있어 '백곡리 사지'로 명명하였다.⁴³⁾

3) 961년, 『종경록(宗鏡錄)』

『종경록』은 송나라 연수선수(延壽先師)가 편찬한 책이다.⁴⁴⁾ 관련기록은 아래와 같다.

> 옛 동국 신라에 원효법사와 의상법사 두 사람이 함께 당나라에 와서 스승을 찾아가다가 밤이 되어 황폐한 무덤 안에 머물러 유숙하게 되었다. 그때에 원효법사는 갈증을 느끼고 마실 물이 생각나서 물을 찾던 중 마침내 자리 곁에서 고인 물을 발견하고 손으로 떠서 마셨더니 심히 맛이 좋았다. 다음 날 아침에 날이 밝아 살펴보니 그 물은 원래 부패한 시체에서 흘러나와 고인 물이었다. 그때에 마음속에 심히 혐오감을 느끼고 모두 토해 버리고자 하다가 마음이 활짝 열리듯 크게 깨달은 바가 있어 말하기를 "내가 들건대 부처님 말씀에 삼계가 오직 마음이요, 만법이 오직 인식일 뿐이다. 그런고로 좋은 물[美水]과 나쁜 물[惡水]은 나의 마음속에 있는 것이지 그

---

42) 화성시 마도면 백곡리 432.
43) 『삼국시대유적의 조사연구 2-화성 백곡리 고분』, 1994. 63쪽.
44) 연수선사는 중국 법안종의 제3조인 연명연수로서 선교일치사상·선정쌍수사상·삼교일치사상을 융합하고 화엄·유식·천태의 삼종을 주의로 하고 一心爲宗의 입장에서 唯心의 뜻을 밝혀 이루고자 大乘經論 60부 賢僧 300여인의 언행과 가르침을 標宗章, 問答章, 引證章 삼부로 대별하여 100권으로 편찬하고 一心을 종지로 삼고 거울처럼 비추어 보았다 하여 '宗鏡錄'이라 이름 하였다고 한다.

실체가 물에 있는 것이 아니다" 하고 드디어 고국으로 돌아가 널리 교화에 힘썼다.(昔有東國 元曉法師 義湘法師 二人同來 唐國尋師 遇夜宿荒 止於冢內 其元曉法師 因渴思漿 遂於坐側 見一泓水 掬飲甚美 及至來日觀見 元是死屍之汁 當時心惡吐之 豁然大悟 乃曰 我聞佛言 三界唯心 萬法唯識 故之 美惡在我 實非水也 遂卻返故國 廣弘至敎)

역시 원효의 오도를 설명하고 있는 장면이다. 이 기록에서 최초의 '원효대사 오도와 관련된 해골물'이 언급된다. '시신에서 흘러나와 고인 물(死屍之汁)'이 바로 그 장면이나 첫 언급으로 만족해야만 한다. 원효의 득도처가 신라가 아닌 중국으로 되어 있고 지명도 보이지 않기 때문이다. 아마도 이는 연수선사가 원효를 의상처럼 중국에서 깨달음을 얻은 한 스님으로 보려는 강력한 이유에서인 듯하다.

4) 988년, 『송고승전(宋高僧傳)』[45] 기록

아래는 원효로부터 3세기쯤 후인 988년에 지어진 『송고승전』 제4권 12 「의상전」이다. 이 글에서 원효와 의상이 당나라로 유학을 떠나기 위해 당항성 인근 무덤에서 하룻밤을 머물렀다는 기록이 비로소 보인다.

  승 의상의 속성은 박 씨요, 계림부 사람이다. 나면서부터 영기하여 자라면서 집을 떠나 팔도를 소요하여 성품이 천연스러웠다. 나이 약관에 이르러 당나라에는 교종이 성하다는 소문을 듣고 원효법사와 더불어 당나라로 가기로 뜻을 같이하고 길을 떠나 일행이 본국(本國)[46] 해문(海門)에 이르렀으니 당주(唐州)의 경계이다. 큰 군함을 구하여 장차 바다를 건너가고자

---

45) 편찬자는 贊寧(919~1001)으로 편찬 시기는 988년이며 총 권수는 30권이다. 남북조 시대부터 당나라, 오대, 송 초기까지의 고승 500여 명의 전기를 수록하여 불교의 정통성과 승려들의 덕행을 드러내어 불교의 사회적 위상을 높이기 위한 책이다.

계획을 세우고 준비하는 중이었다. 소낙비를 만나 길가의 토감(土龕, 흙으로 만든 감실)⁴⁷⁾ 사이에 몸을 의지하여 비바람을 피했다.

다음 날 아침에 날이 밝아 살펴보니 곧 고분(古墳, 예 무덤)에는 해골이 곁에 있었다. 하늘에는 가랑비가 내리고 땅은 진흙길이라 한 치도 앞으로 나가지 못하고 또 다시 연벽 속에 머물러 기숙했다. 아직 밤이 깊지도 않 았는데 갑지기 기신(도깨비)이 나타나니 괴이하였다.

원효가 탄식해 말하기를 "어제 밤에는 토감에서 잠을 자도 편안했는데 오늘밤에는 귀향(鬼鄕)에 의지해 유숙하니 다숭(多崇, 숭상함이 많음)함을 알겠구나. 마음이 생기면 모든 법이 생기고 마음이 사라지면 토감과 고분이 둘이 아니다. 또 삼계는 오직 마음이요 만법은 오직 인식인 것을, 마음 밖에 법이 없는데 어찌 따로 구하랴. 나는 당나라에 들어가지 않겠다" 하고 배낭을 둘러메고 고국으로 돌아갔다. (釋義湘 俗姓朴 鷄林府人也 生且英奇 長而出離 逍遙八道 性分天然 年臨弱冠 聞唐土 教宗鼎盛 與 元曉法師 同志西遊 行至本國 海門唐州界 計求巨艦 將越滄波 倏於中途 遭其苦雨 遂依道旁 土龕間隱身 所以避飄濕焉 迨乎 明旦相視 乃古墳 骸骨旁也 天猶霢霂 地且泥塗 尺寸難前 逗留不進 又寄埏甓之中 夜之未央 俄有鬼物 爲

......

46) 여기서 '본국'을 중국으로 보아 원효가 중국에 들어갔다고 보는 견해도 있다. 그러나 문맥상으로 보아 여기서 '본국'은 신라를 지칭한다. 예를 들어 『구당서 당서열전』권 제59, 「흑치상지」조를 보면 "흑치상지는 백제 서부 사람이다. 키가 7척 정도였고, 날쌔고 용감하였으며 모략이 있었다. 처음에는 本蕃(백제)에 있으면서, 달솔과 군장을 겸했는데…소정방이 병사를 보내 공격했는데 흑치상지가 죽음을 두려워하지 않고 막아 싸우니 官軍(당군)이 패하였고 本國(백제)의 2백여성을 회복하니 소정방이 치지 못하고 돌아왔다. 龍朔 3년(663) 高宗이 관리를 보내 초유하니 흑치상지가 무리를 이끌고 항복하였다.(黑齒常之 百濟西部人 長七尺余 驍勇有謀略 初在本蕃 仕爲達率兼郡將…定方遣兵攻之 常之敢死之士拒戰 官軍敗績 遂復本國二百余城 定方不能討而還 龍朔三年 高宗遺使招諭之 常之盡率其眾降)" 등을 통해서도 문맥상 주체의 나라를 본국이라 하였음이 분명하다.
47) 우리나라에 '土龕'이 없고 중국에 있는 묘실이라 하여 원효의 오도가 중국에서 이루어진 것이라는 주장도 있다. 그러나 『高仙寺誓幢和上碑』를 보면 원효가 입적하자 감실이 없어 "곧 절의 서쪽 봉우리에 임시로 감실을 만들었다.(卽於寺之西峰 權宜龕室)"라는 기록이 보인다.

怪 曉公歎曰 "前之寓宿 謂土龕而且安 此夜 留宵託鬼鄕而 多崇則知 心生
故種種法生 心滅故龕墳不二 又 三界唯心 萬法唯識 心外無法 胡用別求 我
不入唐" 却携囊返國)[48]

    원효 득도의 순간을 잘 포착한 글이다. 여기서 중요한 것은 '본국 해문 당주계(本國 海門 唐州界)' 라는 표현이다. '본국'은 앞 문장 "나이 약관에 이르러 당나라에는 …길을 떠나 일행이"로 미루어 당연히 신라를 지칭함이 분명하다. 따라서 '해문'과 '당주계'도 당연히 당시 신라의 지명임이 명확하다. 이에 대해 학계에서도 '신라의 해문 당성 안'으로 의견이 좁혀드는 형세이다.

    해문은 현재 화성시 마도면 해문리(海門里)[49]를 말하는 것으로 해문리는 당성의 맞은편 안산 너머의 마을이다. 남양에서 마도 해문리 당성으로 오가는 길목에 있어 당성으로부터 약 3㎞ 지점에 있으며 조선시대에는 해문역참(海門驛站)이 있어 당성과 중국으로 오가는 관리들의 숙소로 이용되던 곳이기도 하다.[50]

······
48) 글 말미에 "총장 2년(669)에 상선에 편승하여 등주 해안에 도착하였다(以總章二年 附商船 達登州岸)"가 보인다. 여기서 '총장 2년'은 최치원의 『浮石本碑』에 의하면 영휘 원년인 650년으로 보아야 옳다. 의상은 武德 8년(625)에 탄생하여 어린 나이에 출가하여 永徽 원년인 650년에 원효와 함께 당에 들어가려고 고구려에까지 갔다 돌아왔다. 龍朔 원년인 661년에 당으로 들어가 지엄법사에게 나아가 배웠다. 總章 원년(668) 지엄법사가 세상을 떠나자 咸亨 2년(671)에 의상은 신라로 돌아와서 長安 2년인 702년에 세상을 떠났으니 나이 78세였다.
49) 17세기 후반(1682)에 제작된 지도인 『동여비고(東輿備考)』에 의하면 조선후기 당시 인근의 水原에는 同化馹, 安山에는 重林馹, 南陽에는 당시까지 물길이 들어오던 '海門馹'이라는 驛站이 보인다.
「관계자료」11) 참조.
50) "唐州라는 지명은 중국의 하남성 南陽府의 속현으로 唐나라때부터 唐州라 이름하다가 명나라 때 泌州로 고치고 현재는 南陽市 唐河縣 唐城촌이라 하는 곳으로 이곳도 역시 上海의 海門으로부터 西安의 慈恩寺로 오가는 길목에 있는 지명이므로 이곳으로 지나갔을 것으로 추정되며 唐州는 신감대사가 머물러 수도를 하던 곳이기도 하다." 운운으로 해석하는 논문도 있다.
홍재덕, 「원효대사의 오도설화에 대한 연구」『종경록』과 『송고승전』과 『임간록』의 기사를 중심으로」, 성균관대학교 대동문화연구원, 『대동문화연구』제86호, 2014.1

당성은 신라에서 당나라로 통하는 요충지로 문헌에 당항성(棠項城), 당항성(黨項城)으로도 표기한다. 이 당항성이 신라에서 당나라로 통하는 요충지였음은 분명하다. '당주(唐州)'가 오늘날 경기도 화성의 '당성(唐城) 안'을 가리킨다는 것은 학계 대다수가 동의한다. 더욱이 백곡리 백제고분 옆의 지명이 '해문리'로 이는 보통명사가 아닌 고유명사로서 전국에 단 1곳의 지명이다. 또한 당성과 가까운 지점에 '염불산'이란 지명이 아직까지 존재하는 사실로 볼 때 불교 유적과 관계가 깊은 것은 분명하다.

'백제 의자왕(義慈王)이 2년(642) 8월에 고구려와 함께 당항성(党項城)을 취하여 신라가 당나라로 조회 가는 길을 끊으려고 하자, 신라의 선덕여왕(善德女王)은 당나라에 급한 사정을 알렸다'는 기록도 『삼국사기』 권5 신라본기 5 '선덕왕 11년 8월 조'[51], 권28 백제본기6 '의자왕 3년 11월 조'[52]에 보인다.

『송고승전』 제4권 14 「원효전」에는 원효대사의 행적에 대한 기사도 있다.[53] 오도 설화에 관련된 기사만을 발췌하면 다음과 같다.

> 원효의 성은 설 씨요 동해 상주 사람이다. …… 일찍이 의상법사와 더불어 당나라에 들어가 현장삼장 자은(慈恩)의 문중을 사모하였으나 ① 그 인연이 이미 어그러져 구도(求道)의 마음을 버리고 유유히 돌아갔다.(釋元曉 姓薛氏 東海湘州人也 …… 嘗與湘法師入唐 ② 慕奘三藏慈恩之門 厥緣旣 差 息心遊往)

......
51) 이병주 역주, 『삼국사기』 상, 을유문화사, 91쪽 참조.
52) 이병주 역주, 『삼국사기』 하, 을유문화사, 77쪽 참조.
53) 「고선사 서당화상비」에도 보인다. "강의를 하다가 문득 물병을 찾아서 서쪽을(향해 뿜으면서) 말하기를, '내가 보니, 당나라의 聖善寺가(화재를) 당했구나'라고 했다. (글자 마멸) 물을 부은 곳이 이로부터 못이 되었으니, 고선사의 대사가 있던 방 앞의 작은 못이 바로 이것이다." 이를 원효 관련 설화에서 '海東元曉 擲盤救衆'이라 한다. 『송고승전』의 「원효전」에도 유사하게 보인다. 이로 미루어 『송고승전』 편찬자 찬녕은 분명 당시 신라에서의 원효에 대한 기록을 갖고 있었음을 알 수 있다.

'현장삼장 자은(慈恩)의 문중' 의 '자은' 은 '자은사(慈恩寺)'[54]이다. 자은사는 중국 산시성 시안(西安)에 위치한 불교 사찰로, 당나라 시대의 고승 현장삼장(玄奘三藏, 602~664)이 불경을 번역하고 보관하기 위해 머물렀던 곳이다. 문제는 ②'慕奘三藏 慈恩之門' 의 해석이다. 이를 "현장삼장을 사모하여 자은사에 문하가 되었다"로 해석을 하면 ①의 '그 인연이 이미 어그러져(厥緣旣差)'와 문맥이 통하지 않는다.

또 현장이 열반한 해가 664년 3월 7일이다. 원효는 34세 때인 650년(진덕여왕 4년) 의상과 함께 당나라 고승 현장에게 불법을 배우러 1차 중국 유학길에 나섰다가 요동 근처에서 고구려 순라군(국경 경비대)에게 잡혀 첩자로 오인 받았다가 풀려났다. 원효가 다시 의상과 함께 당나라로 2차 유학을 떠나려 한 해는 661년(문무왕 1년)이다. 이 무렵 원효가 당나라에 있었다는 어떤 근거도 없다.

오히려 김유신이 고구려를 원정할 때 원효가 종군하여 당나라 장수 소정방이 보낸 암호문을 해독함으로써 공을 세웠다는 기록이 보인다. 이 해가 문무왕 2년(662)으로 원효 나이 46세였다.[55] 따라서 '현장삼장 자은사의 문중을 사모하였으나'로 해석하는 것이 더 논리적이다.

......

54) 이 사찰은 특히 大雁塔으로 유명하다. 안탑은 7층으로 된 탑 이름인데, 당나라 때 과거 시험에 합격하여 進士가 된 사람들이 曲江에서 잔치를 한 뒤에 이 탑에다가 題名하였다.
55) 『삼국유사』권1, 「紀異」 '太宗春秋公' 을 보면 "이때 당나라 장수 소정방이 종이에 난새[鸞]와 송아지[犢]의 두 그림을 그려 보냈다. 신라 사람들은 그 뜻을 알지 못하여 사람을 보내서 원효법사에게 물었다. 원효는 해석하기를 '속히 군사를 돌이키라는 뜻입니다. 송아지와 난새를 그린 것은 두 물건이 끊어지는 것을 뜻한 것입니다' 했다. 이에 유신은 군사를 돌려…(唐帥蘇定方 紙畫鸞犢二物廻之 國人未解其意 使問於元曉法師 解之曰 速還其兵 謂畫犢畫鸞二切也 於是 庚信廻軍…)"
이 무렵 원효는 왕실과 관계를 맺었고 요석공주와 결합하여 薛聰을 낳게 된다. 그 뒤 환속하여 小性居士라 자칭하고 불교대중화와 저술활동에 전념하게 된다.

5) 1107년, 『임간록(林間錄)』

북송의 혜홍각범(德洪) 스님이 1107년에 찬술하였다.[56]

당나라 시대에 스님 원효는 해동 사람이다. 처음에 배를 타고 바다를 건너 당나라에 와서 장차 명산에서 道를 닦고자 황량한 비탈길을 홀로 헤매다가 밤에 무덤 사이에서 잠이 들었는데 갈증이 심하여 오묵한 곳에 샘물 같이 고인 물을 발견하고 손으로 움켜 떠서 마셨더니 달고 시원했다. 날이 밝아 살펴보니 그것은 해골에서 흘러나와 고인 물이었다. 크게 꺼리껴 모두 토해 버리려 하다가 문득 놀라 깨달아 크게 탄식해 말하기를 "마음이 생기면 만법이 생겨나고 마음이 없으면 촉루와 샘물이 둘이 아니다. 부처님 말씀하시기를 '삼계는 유심'이라 하였으니 어찌 나를 속이겠는가" 하고 다시는 스승을 구하지 아니하고 즉일로 해동으로 돌아가 화엄경에 소를 쓰고 깨달음을 크게 얻는 묘법을 가르쳤다.(唐 僧 元曉者 海東人 初航海而至 將訪道於名山 獨行荒陂 夜宿塚間 渴甚引手掬 于穴中得泉甘凉 黎明視之 髑髏也 大惡之 盡欲嘔去 忽猛省 大歎曰 心生則種種法生 心滅則髑髏不二 如來大師曰 三界唯心 豈欺我哉 遂不復求師 即日還海東 疏華嚴經 大弘圓頓之敎)

『임간록』의 기록은 『종경록』이 기록된 지 146년이나 지난 후에 쓰인 것으로 『종경록』의 내용과 별로 다를 것이 없고 다만 『종경록』에서는 '시신에서 흘러나와 고인 물(死屍之汁)'을 '해골에서 흘러나와 고인 물(髑髏水)'로 바꾼 것이 다를 뿐이다. 하지만 이 『임간록』도 원효가 당나라에 들어간 것으로 해놓았지만 현장을 만났다거나 자은사에 대해서는 일절 언급이 없다. 역시

......
56) 덕홍은 眞淨克文禪師의 法嗣로 전통적인 禪師이다. 『임간록』은 고승들의 유훈, 선담, 한담, 행적, 일화 등 삼백여 가지를 수집하여 수록한 紀譚警語集이다. 우리나라 스님에 대하여는 원효와 대각국사 의천에 대한 이야기가 실려 있다.

『종경록』을 지은 연수선사처럼 원효를 중국에서 깨달음을 얻은 한 스님으로 보려는 강력한 이유에서인 듯하다.

7. 나가며

본 논문은 원효대사의 오도 일화가 단순한 설화적 전승을 넘어, 구체적이고 실체적인 장소와 역사적 배경을 가진 사건임을 밝히고자 하였다. 기존 연구에서 다양하게 제기된 원효 오도처에 관한 여러 설중에서, 국내 문헌 2, 중국 문헌 3을 검토하여 경기도 화성시 마도면 일대, 특히 당성과 인접한 백곡리 고분군 일대가 원효 오도처임을 검토하였다. 그 결과는 이렇다.

첫째, 국내의 문헌인 「고선사서당화상비문」, 「월광사원랑선사탑비」(890년), 「서산 보원사지 법인국사탑비」(978년)가 중국 문헌인 『종경록』(961년), 『송고승전』(988년), 『임간록』(961년)에 비하여 신뢰성이 높은 자료이다. 그러나 '원효대사 오도처'는 국내 문헌, '해골물'은 중국 문헌을 인용하였을 때 완결된다.

둘째, 「월광사원랑선사탑비」의 '직산'은 화성시 마도면 백곡리 토박이 마을 이름인 '입피골'로 한자어로 '직산(稷山)'이 된다. 「서산 보원사지 법인국사탑비」의 '향성산(鄕城山)'은 화성시 마도면 백곡리 '향기실' 마을 뒷산이 유력하다.

셋째, '원효 오도처'를 획정하려면, 원효가 당나라 유학길에 오르던 중 당성 인근에서 오도했다는 문헌적 정황, 그리고 화성 당성과 남양만 일대가 신라와 당나라 간의 국제 교역 및 외교의 요충지로 기능한 역사적 공간임이 지리적, 역사적 자료를 통해 입증되었다는 점을 적극 해석해야 한다.

넷째, 백곡리 고분군과 해문리 일대에서 발견된 고고학적 유적과 유물들은 7세기 당시 이 지역이 신라 문화권 내에서 중요한 위치를 점하고 있었음을 보여준다. 특히 무덤지형과 고분의 구조는 오도 일화의 핵심 상징인 '무덤과 해 골바가지'와 부합한다. 향후에 보다 정밀한 고고학 조사와 문헌 연구를 병행 하여, 원효 오도처의 다층적 의미와 당시 해상 교류의 실체를 더욱 심도 있게 규명하는 후속 연구가 요구되는 이유다.

　이상의 결론을 종합하면, 당성과 인근 고분군 일대는 원효대사의 오도 장소 로서 역사적, 지리적, 고고학적 근거가 충실히 뒷받침되는 유일한 공간으로 확정할 수 있다.

　마지막으로 '문헌자료의 부족 등을 운운하며' '원효의 오도처'에 대해 그 실체를 부정한다면 이는 역사적 상상력 부족해서이다. 이미 1400여 년 전 일 이다. '원효 오도처'를 획정(劃定)하는 데 역사적 상상력을 적극 수용하여야 만 원효사상의 공간적 기원과 불교사의 새로운 해석, 원효사상의 세계화와 그 문화적 가치 확장을 제시하는 연구가 뒤잇는다. 더불어 본 연구가 지역 역 사문화 자원의 보존과 활용의 활성화 사업과 교육적·관광적 가치 창출로 이 어졌으면 하는 바람이다.

[참고문헌]

각주에 제시한 문헌과 참고문헌은 각주로 대신한다.
『한국고고학사전』, 국립문화재연구소, 2002.
김원룡, 「화성군 마도면 백곡리 백제고분과 토기류」, 『백제연구』 2, 충남대학
　　　교백제연구소, 1971.
『화성백곡리고분』, 한국정신문화연구원, 1994.
신상찬, 「보원사지 법인국사비고」, 『향토사연구』 통권 제8집, 한국향토사연
　　　구전국협의회, 1996.11.
최영성, 「해미 보원사 법인국사 보승탑비명 병서」, 『동양고전연구』 제22집,

동양고전학회, 2005.06.

한국지명학회, 『한국지명연구』, 한국문화사, 2007.

엄기표, 「신라 원효대사의 주요 사적과 오도처에 대한 시론」, 『한국고대사탐구』 제4집, 한국고대사탐구학회, 2008.

홍재덕, 「원효대사의 오도설화에 대한 연구-『종경록』과 『송고승전』과 『임간록』의 기사를 중심으로」, 성균관대학교 대동문화연구원, 『대동문화연구』 제86호, 2014.1.

박지현, 「골굴사와 수도사의 오도처 설화 비교」, 동국대학교 석사논문, 2015.

김상현, 「원효의 사상과 오도처 비정에 관한 연구」, 『불교학연구』, 2018.

한글학회 편집부, 『한국지명총람』 17·18:경기편(상·하), 한글학회, 2009년·2012년.

고영섭, 「원효의 오도처와 화성 당항성」, 『신라문화』 50권, 동국대학교 신라문화연구소, 2017.08.

이재훈, 「경기도 당성의 고고학적 조사와 불교 유적」, 경기문화재연구소 보고서, 2021.

화성학지역학연구소 편, 『화성지역학 연구』 제4집, 2023.

『화성학총서』 제5집 학술대회, 화성학지역학연구소(2024.9.27.)

황보경, 「화성 백사지의 조사 성과와 성격 검토」, 제12회 화성시 역사문화 학술세미나(2018.11.9.)

「관계자료」1) 당성 주변 위치도

1. 백제 대형고분 제1군(마도면 백곡리 산91)
2. 백제 대형고분 제2군(마도면 백곡리 산99)
3. 백제 대형고분 제3군(마도면 백곡리 산94-1)
4. 백사지(원랑선사, 법인국사 탄문스님 수행처 마도면 백곡리 산104)
5. 당성(서신면 상안리 산32)
6. 염불산(원효성사 염불처 · 서신면 전곡리 산93)
7. 해문역 역골(마도면 해문리 476)
8. 당은포(삼국시대 국제무역항, 송산면 칠곡리 447)
9. 은수포(무역항, 서신면 전곡리 558)
10. 백곡리토성(마도면 백곡리 산135)
11. 청명산성(마도면 백곡리 산184-2)
12. 장생사터(마도면 백곡리 451-1)
13. 홍법사(서신면 홍법리 1-7)

「관계자료」2) 백곡리 유적과 백사지 위치도

〈이하 「관계자료」2)~「관계자료」6)까지는 황보경, 「화성 백사지와 주변 유적의 성격 검토」에서 인용하였다.

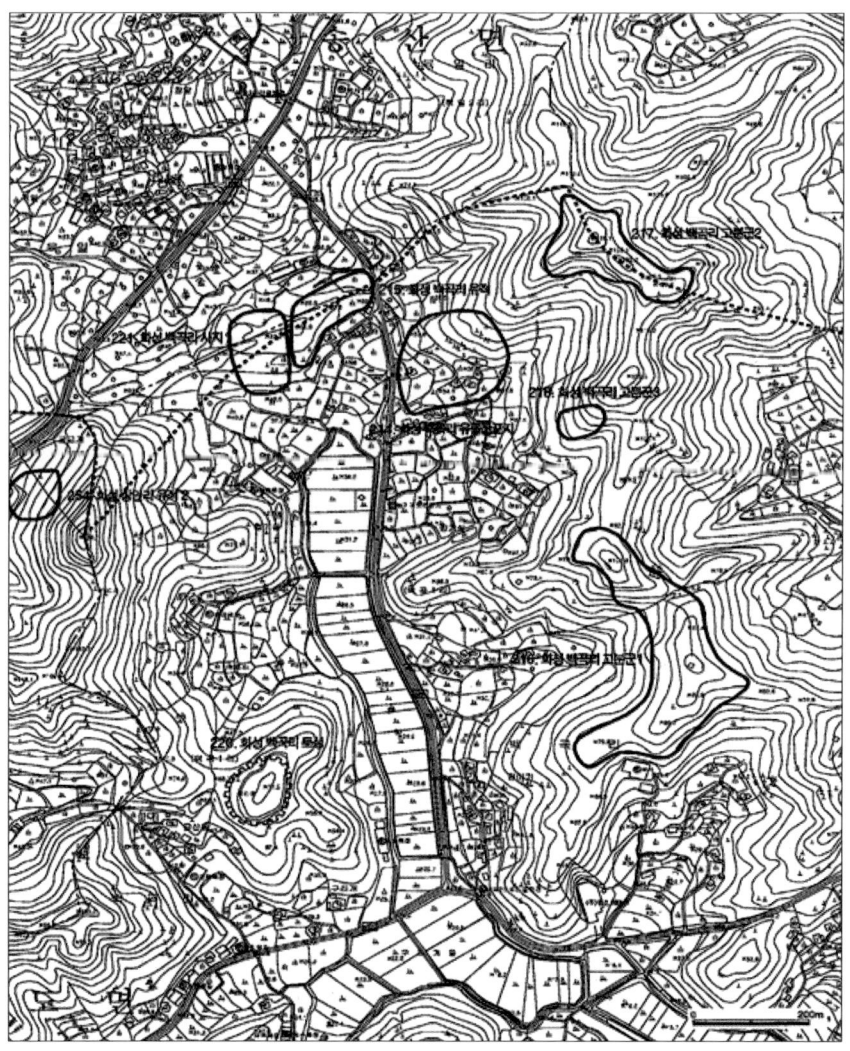

이 유적은 지표조사를 거쳐 2005년에 시굴과 발굴조사가 이루어졌으며, 행

정적 위치는 조사 당시 마도면 백곡리 산103번지 일원이다.[57] 조사지역 주변 유적으로는 서쪽으로 당성이 약 700m 거리에 있고, 동쪽과 동남쪽 맞은편 산에는 백곡리 고분군이 있으며, 남쪽 약 900m 거리에 백곡리 산성이 입지해 있다.

『관계자료』3) 백곡리 유적 유구 배치도

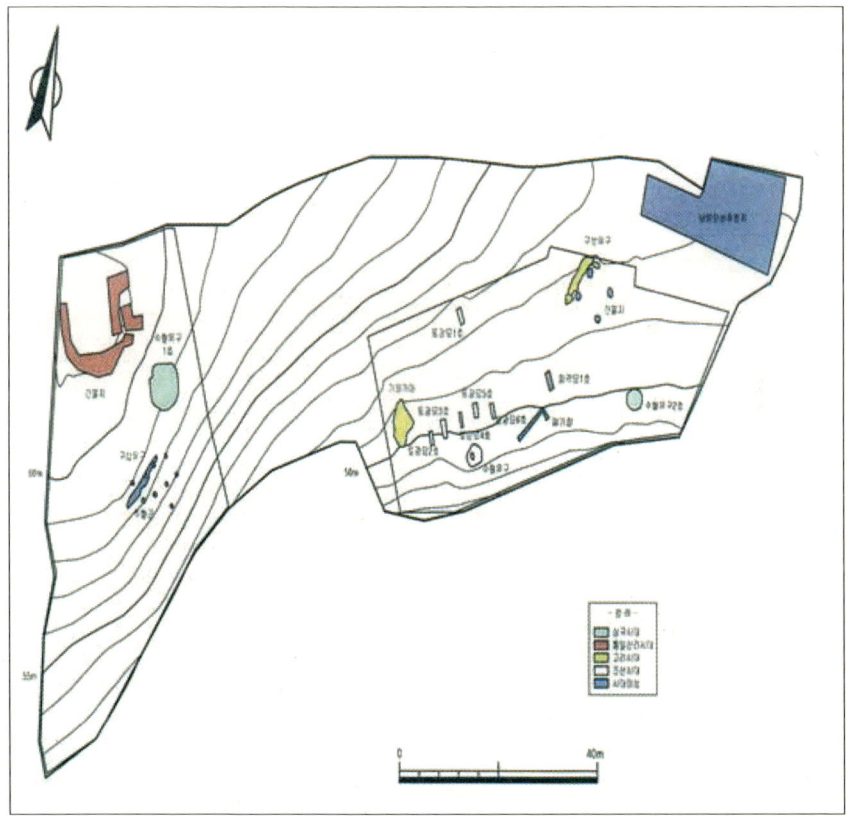

---
57) 현재 주소는 백곡리 142-3번지 일원이다.

「관계자료」4 신라 건물지 출토 기와류

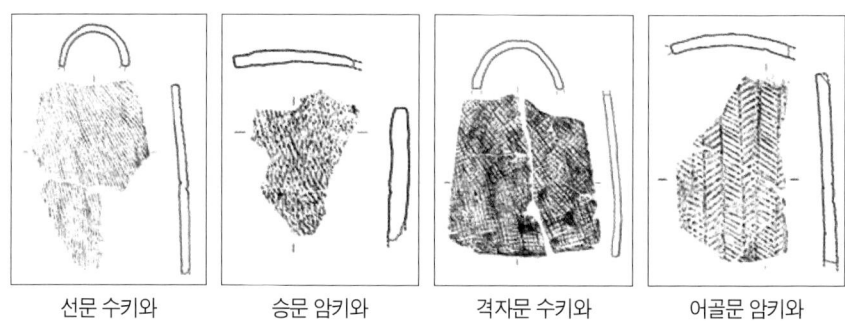

| 선문 수키와 | 승문 암키와 | 격자문 수키와 | 어골문 암키와 |

백곡리 유적에 대한 조사결과, 백제 수혈유구 2기를 비롯하여 신라 건물지 1동, 고려시대 기와가마 1기, 구상유구 1기, 폐기장 1기, 조선시대 수혈유구 1기 등이 발굴되었다. 유물은 소조불상의 인면과 토기류, 기와류, 토제 방추차, 토제 장식품, 원뿔모양의 토제품 14점 등이 출토되었다.

토기류를 보면, 뚜껑·대부완·완·편병·시부 등이 있고, 기와류는 모두 40점이 출토되었는데, 선문이 24점으로 가장 많고 어골문〉격자문〉승문〉복합문의 순이다.

「관계자료」5) 소조불상 전·측면도

소조불상은 고운 찰흙을 불상범(佛像范)에 넣어 찍어낸 후 눈과 코, 입술, 귀 등을 다듬어 소성된 것이다. 색깔은 적갈색을 띠고, 경질이며, 얼굴 형태는 전체적으로 달걀형으로 온화한 미소를 띠면서 후덕한 인상을 주고 있다. 머리 모양은 결실되어 알 수 없고, 눈썹은 반달형으로 코 부분까지 매끄럽게 연결되어 입체감이 있다. 눈은 날카로운 나무나 철제 도구로 홈을 파서 가늘고 길게 표현했으며, 코는 오똑하게 세워 콧구멍까지 묘사하였다. 입술은 코 넓이보다 약간 더 넓고, 살짝 입을 벌린 모양이며, 전체적으로 양감있게 보인다.

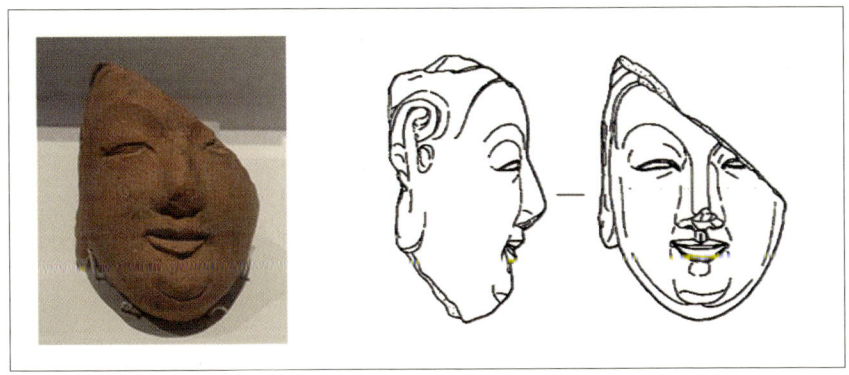

턱은 약간의 홈을 파고 약간 돌출되도록 하여 입체감 있게 보인다. 귀는 오른쪽 측면이 남아 있는데, 귓불이 길게 늘어져 있다. 소성한 뒤에는 전체적으로 물손질하여 표면을 매끄럽게 한 것으로 보이고, 코 부분을 다듬은 흔적도 있다. 소조불상의 남은 길이는 9.4cm, 너비 7.2cm, 두께 5.7cm이다.

「관계자료」6)

'白寺' 자 명문기와(Ⅰ형)

'白寺' 자 명문기와(Ⅱ형)

'下家' 자 명문기와(Ⅲ형)

'白下' 자 명문기와(Ⅳ형)

'白寺' 자 명문기와(당성 기단건물지 출토)

명문기와는 크게 네 종류가 수습되었다. 먼저 '白寺' 자 Ⅰ형 명문기와는 회색의 경질 암키와로 등면에 얇은 사선문이 시문되어 있는데, 윗부분은 오른쪽에서 왼쪽으로 그 아래부터는 왼쪽에서 오른쪽으로 타날되어 있다. 그리고 명문이 있는 부분에서 다시 반대방향으로 바뀐다. 명문은 세로방향으로 '白'자와 '寺' 자가 반복적으로 7회 이상 찍혔으며, 기와 상단과 명문 바로 아래로 두 줄의 가로선이 양각되어 있다. 당성 1차성의 기단건물지에서 몇 점이 출토되어 주목된다.

　'白寺' 자 Ⅱ형 명문기와는 회색의 경질 암키와로 등면에 얇은 사선문이 왼쪽에서 오른쪽으로, 다시 오른쪽에서 왼쪽으로 교차되며, 그 위에 '白' 자와 '寺' 자가 세로방향으로 찍혀 있다. 명문은 Ⅰ형과 마찬가지로 반복적으로 타날되어 있지만, 글씨 크기가 1.5×1.7㎝로 작은 편이다. '白寺下家' 자 Ⅲ형 명문기와도 경질의 암키와인데, 윗부분에 '白寺' 자가 있었지만 결실되었고, 두 줄의 가로선 아래에 '下家' 자만 남아 있다. 바탕이 되는 문양은 '白寺' 자 Ⅰ형 명문와 같은 사선분이다. '卜家'의 의미에 대해서는 "사원내 긴물의 배치와 관련된 것이거나 일종의 寺下村과 같은 집단에서 기와를 제작하였다는 의미"로 해석될 수 있겠다.

　'白下' 자 Ⅳ형 명문기와는 회색의 경질 암키와로 등면에 사선문이 있고, 중간에 가로선이 한 줄 있는데 그 위와 아래에 '白' 자와 '下' 자가 양각으로 뚜렷하게 시문되어 있다. 명문은 '白寺' 자 Ⅰ형과 같이 반복적으로 타날되어 있고, 글씨의 형태도 비슷하다. 와변 처리는 내면에서 등면쪽으로 3/4정도 자른 후에 분할했고, 포흔은 조밀한 편이다.

「관계자료」7) 백곡리 8호 고분 석실(발굴 당시 모습)

「관계자료」8) 당성과 건물지 위치도

배기동 · 김기룡 외, 2018, 「당성, 고고학의 성과」, 『당성과 해양 실크로드』, 18쪽 인용.

당성은 1차성(둘레 610m)과 2차성으로 구분되고, 최근까지 7차 발굴조사가 진행되었다.

1차 조사는 2차성의 북문지와 성벽, 건물지 등이 발굴되었는데, 성벽이 토석혼축 되었음이 확인되었다. 2차 조사에서는 테뫼식의 1차성 존재가 밝혀졌고, 2차성의 성벽과 추정 망해루지도 조사되었다. 그리고 2차성의 서문지도 일부 발굴되었다.

3차 조사 때는 1차성의 성벽이 확인되어 축조기법이 밝혀졌고, '唐' 자 명문와가 출토되어 당성의 위치 규명에 도움이 될 만한 유물로 평가된다. 망해루

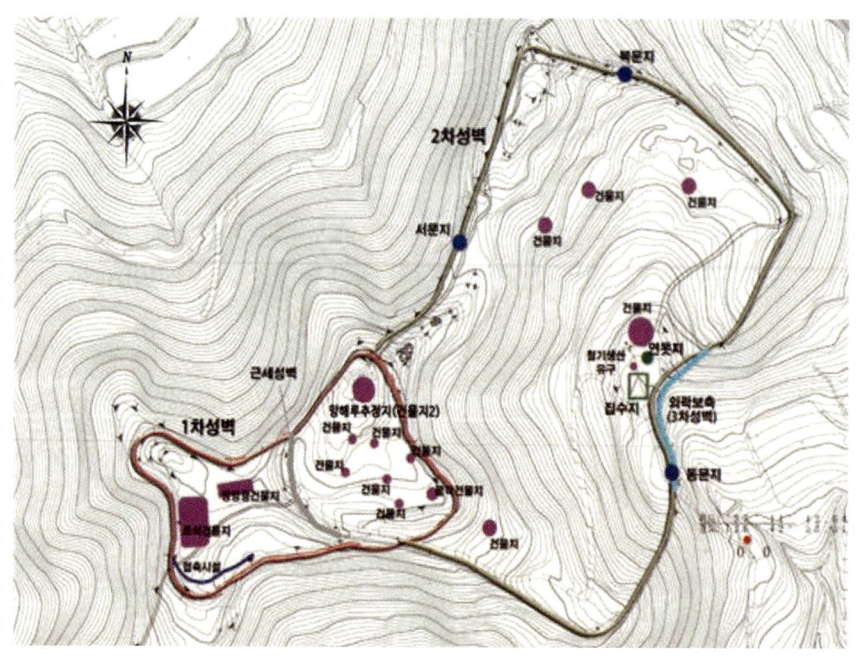

지 건물지에서는 삼국시대부터 중복된 유구가 발견되었고, 2차성에서는 집수지와 연못지, 건물지 등이 조사되었다.

4차 조사는 1차성의 성벽 중 210m가 조사되었는데, 남벽 일부는 협축이고 나머지는 편축되었음이 확인되었다. 그리고 건물지도 삼국~고려시대에 걸쳐 조영되었고, 2차성 축성시 1차 성벽 일부를 사용하였으며, 동문지도 새롭게 찾아졌다. 주요 유물로는 '漢山', '本彼謀' 자 명문기와, 백제 토기, 중국 백자가 출토되었다.

「관계자료」9) 당성 성벽과 명문와

5차 조사는 1차성의 협축성벽에 대한 축조기법을 밝히는 데 주안점을 두고 진행되었고, 무시설식 집수지 일부가 발굴되었다. 6차 조사는 2차성의 집수시설과 그 주위 성벽이 조사되었는데, 집수시설의 경우 입수와 출수부가 확

| 1차성 북벽 | 1차성과 2차성 중첩모습 | '唐' 자 명문와 | '漢山' 자 명문와 |

인되었으며, 성벽은 증축과 개보수가 이루어졌음이 밝혀졌다. 7차 조사는 1차성의 서벽과 인접한 평탄지 내 기단건물지에 대한 정밀조사가 진행되어 초석과 적심석, 온돌시설, 기단석열, 주공, 수혈유구 그리고 내벽 일부도 발굴되었다.

기단건물지는 정면5칸×측면2칸 규모를 기본으로 7세기 중반~9세기 후반까지 최소 3차례 이상 증개축된 것으로 조사되었다. 유물 중 명문기와는 '本彼', '梁某', '熊川州', '白寺', '館宅', '壬申', '戊寅', '丙午' 자가 시문된 것이 있고, 청동초호와 청동발, 자물쇠 등이 출토되었다.

당성의 축성시기는 1차성에서 출토된 태선문 기와류와 단각고배 등의 토기류로 보아 6세기 후반경에 석축으로 쌓여졌고, 2차성은 선문류가 시문된 장판 기와류, 인화문이 시문된 토기류, 중국 자기류 그리고 동벽에 대한 연대측정결과, 토심부가 8세기 중반~9세기 중반, 석축부가 9세기 중반~10세기 초에 해당하는 값이 검출되어 남북국시대에 축조된 것으로 보고되었다. 그러나, 6차 조사에서는 2차성 집수지와 그 주변을 발굴한 결과, 2차성 초축 등 세 번의 중·개축이 이루어졌다는 점과 초축 성벽을 고려시대에 폐기하면서 새롭게 쌓은 것으로 보아 가장 후대의 석축으로 피복한 시기는 고려말~조선초로 조사되었다.

「관계자료」10) 당성[당은포]에서 중국을 연결하는 항로

「관계자료」11) 동여도(서울역사박물관 소장) 해문(海門)

03 화성 白寺址와 주변 유적의 성격 검토

황 보 경 (세종대 박물관)

I. 머리말

II. 백곡리 유적과 백사지 조사현황
 1. 백곡리 유적 조사성과
 2. 백사지 조사현황

III. 백사지 주변 유적 검토
 1. 당성
 2. 백곡리 산성
 3. 백곡리 고분군
 4. 백곡리 유물산포지
 5. 상안리 유적 II

IV. 백사지의 조성 시기와 성격
 1. 조성 및 경영 시기
 2. 백사지의 성격

V. 맺음말

03 | 화성 白寺址와
주변 유적의 성격 검토

황 보 경 (세종대 박물관)

I. 머리말

　화성시(華城市)는 경기도의 서남쪽에 치우쳐 있으면서 서해안과 맞닿아 있어 선사시대로부터 많은 사람들이 살기에 적합한 자연·지리적 조건을 갖추고 있는 곳이다. 삼국시대에는 화성지역을 점령하기 위해 백제와 고구려, 백제와 신라가 치열한 공방전을 벌이던 곳이었는데, 그 이유 중에 하나가 바로 중국과의 교류를 위한 항구가 일찍부터 발달했기 때문이다.
　6세기 중반경에는 신라가 백제를 물리치고 한강 유역을 포함한 화성지역을 점령하게 됨으로써 독자적인 대중국 외교가 가능하게 되었다. 신라는 당항성을 발판으로 삼아 중국과의 외교를 통한 경제·물질·종교 분야에서 획기적인 발전의 계기를 마련하게 되었다. 신라인들은 당항성을 점령한 후 이 일대에 성곽이나 고분, 취락, 생산시설 등을 건설하면서 많은 문화유산을 남겼는데, 필자는 그중에서도 불교사원에 주목해 보고자 한다.
　신라의 불교수용은 고구려, 백제에 이어 가장 늦게 받아들여졌지만, 왕경인 경주(慶州)를 중심으로 많은 사찰을 창건해 나갔다. 그리고 이와 관련된 조사와 연구가 활발하게 이루어져 왔지만, 지방 불교유적에 대한 조사와 연구는 상대적으로 부족한 상태였다. 마침 마도면 백곡리(白谷里)에서 신라 불교문화에 대해 단면을 살필 수 있는 유구와 유물이 발굴되었기에 이를 중심으로 고찰해 보고자 한다.

이 글에서는 백곡리에서 조사된 백곡리 유적과[1] 백사지(白寺址)에 대하여 살펴보고, 주변 유적과의 관계도 함께 알아보고자 한다. 백곡리 유적은 백사지와 같은 구릉에 위치하고 있어 주목되며, 당성(唐城, 사적)과도 인접해 있다. 이 유적에서는 남북국시대(南北國時代)에 해당하는 신라 건물지 1동이 조사되었고, 조성시기를 알 수 있는 토기와 기와, 소조불상(塑造佛像) 등의 유물이 출토되었다.

그리고 백사지에서는 지표조사를 통해 '白寺'·'白寺下家'·'白下'자가 새겨진 명문기와가 수습되어 현재까지 화성지역에서 가장 오래된 사찰의 이름을 알려주고 있다. 뿐만 아니라, 백사지가 위치한 백곡리에는 삼국~고려시대 고분군과 백곡리 산성, 유물산포지, 상안리 건물지 등의 많은 유적이 인접해 있어 상호 관련성이 있어 보인다. 따라서, 백곡리 유적과 사지에 대한 조사현황과 주변 유적을 함께 알아보고 이를 바탕으로 백사지의 성격에 대하여 고찰해 보고자 한다.

II. 백곡리 유적과 백사지 조사현황

1. 백곡리 유적 조사성과

이 유적은 지표조사를 거쳐 2005년에 시굴과 발굴조사가 이루어졌으며, 행정적 위치는 조사 당시 마도면 백곡리 산 103번지 일원이다.[2] 조사지역의 지리적 위치는 지방도 305호선을 타고 수원 방면에서 송산면 사강리의 사강교

---

1) 한국문화재보호재단, 2008, 『화성 백곡리 유적』.
2) 현재 주소는 백곡리 142-3번지 일원이다.

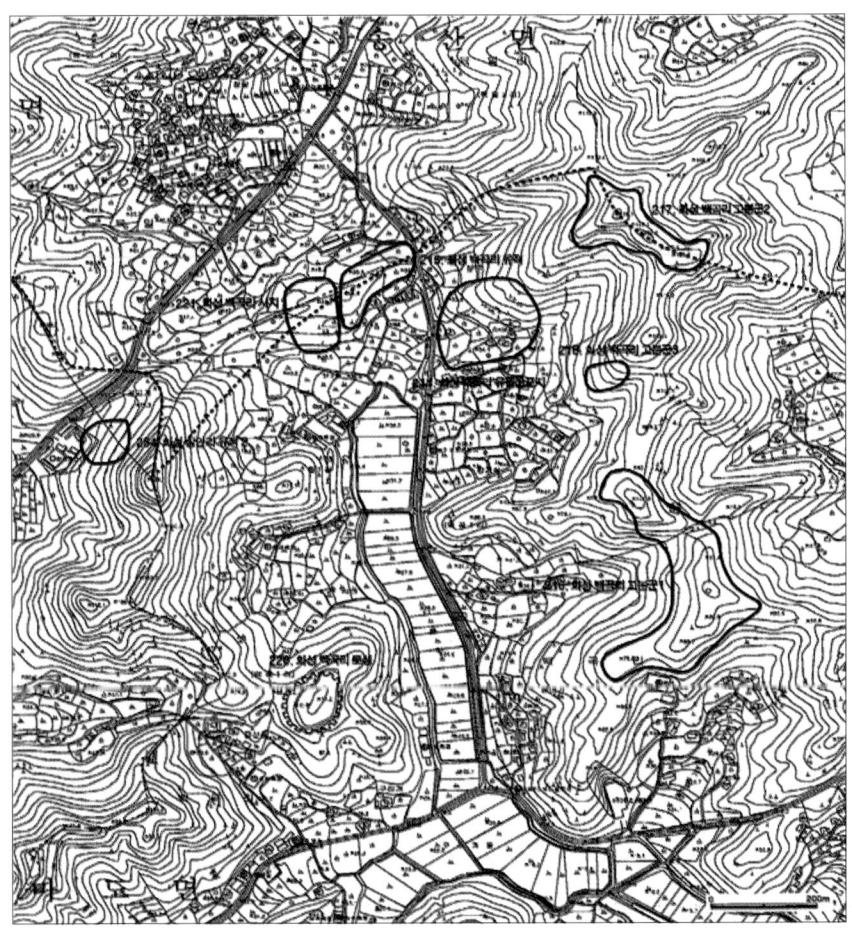

〈지도 1〉 백곡리 유적과 백사지 위치도

차로를 지나 약 1.6km오면 삼거리가 나온다. 여기에서 남동쪽으로 좌회전한 후 약 400m 진행하면 도로 오른편인 동쪽 안으로 원룸건물이 보이는데, 이 일대가 백곡리 유적이며 최근에도 새로운 건물이 신축되었다.

조사지역의 지형은 동북-서남쪽으로 긴 부정형의 얕은 구릉지대로 해발 45~60m이고, 구릉의 남쪽 사면에 해당된다. 발굴조사된 부분은 구릉 전체의 약 1/4이다. 시굴조사 면적은 8,238㎡(약 2,496평)이고, 발굴조사면적은 3,967㎡(약 1,200평)이다.

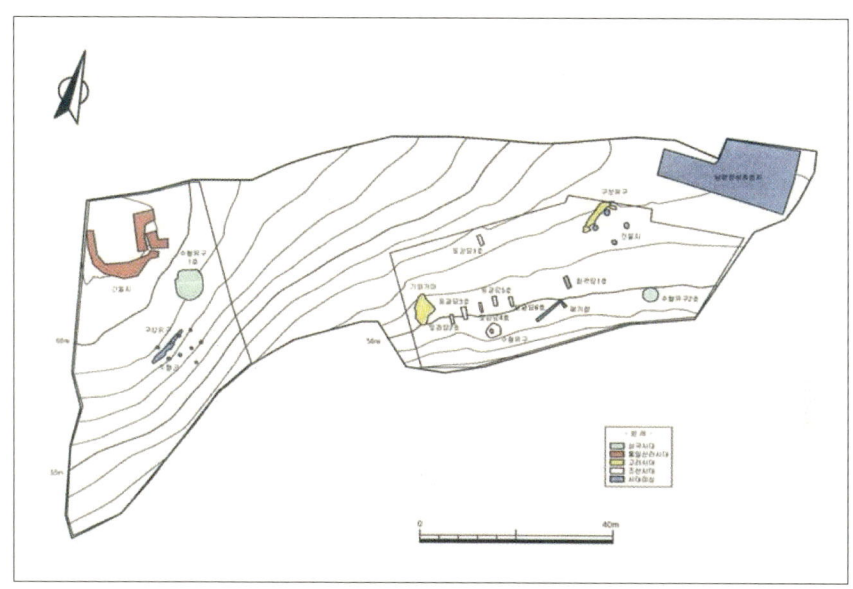

<그림1> 백곡리 유적 유구 배치도

 조사지역 주변 유적으로는 서쪽으로 당성이 약 700m 거리에 있고, 동쪽과 동남쪽 맞은편 산에는 백곡리 고분군이 있으며, 남쪽 약 900m 거리에 백곡리 산성이 입지해 있다. 그리고 현재의 당성터널이(탄도−송산간 도로확・포장공사) 건설된 상안리에서도 신라 건물지 1동과 수혈 5기 등이 발굴되었다.[3] 이밖에도 백곡리 유물산포지와 상안리 유물산포지가[4] 있지만, 건물이 들어서거나 현상이 변경된 상태이다.

 백곡리 유적에 대한 조사결과, 백제 수혈유구 2기를 비롯하여 신라 건물지 1동, 고려시대 기와가마 1기, 구상유구 1기, 폐기장 1기, 조선시대 수혈유구 1기 등이 발굴되었는데, 여기에서는 신라 건물지와 출토유물에 대하여 살펴보고자 한다.

-----
3) 한국문화재보호재단, 2007,『화성 상안리유적II』.
4) 한국토지공사 토지박물관, 2006,『화성시의 역사와 문화유적』.

신라 건물지는 조사지역의 가장 서쪽 평탄면에 위치하고 있어 '백사지'로 명명된 곳과 맞붙어 있다. 건물지는 내부에 평면 방형의 건물이 있으며, 외곽으로 담장이 존재했던 것으로 추정된다. 건물지 내부에는 초석으로 보이는 석재 1개가 남아 있고, 남쪽인 전면(前面)에는 2단의 계단이 확인되었다. 건물지 규모는 동－서 220㎝, 남－북 220㎝, 담장의 남은 길이는 동－서 380㎝, 남－북 400㎝이다.

　유물은 소조불상의 인면과 토기류, 기와류, 토제 방추차, 토제 장식품, 원뿔모양의 토제품 14점 등이 출토되었다. 토기류를 보면, 뚜껑・대부완・완・편병・시루 등이 있고, 기와류는 모두 40점이 출토되었는데, 선문이 24점으로 가장 많고 어골문〉격자문〉승문〉복합문의 순이다.

　뚜껑은 '凸'자형으로 갈색을 띠고 경질이며, 드림턱은 밖으로 넓게 벌어져 있다. 개신부에는 2단으로 점열문이 겹쳐서 지그재그형으로 시문되어 있다. 대부완도 경질로 기벽은 대각에서 둥글게 올라가다가 구연부로 직립한다. 구연 아래에 횡선이 음각되어 있고, 그 아래 기면 전체에 종장점열문이 시문되어 있다. 완은 3점인데, 연질 1점, 경질이 2점이다. 〈그림3〉의 완은 기벽이 바닥에서 완만하게 경사져 올라가고, 구연이 살짝 외반되어 있다. 편병은 회색의 경질이며, 동체부 단면이 말각방형, 저부는 원형이다. 이 병은 동체 네 면이 눌러진 사각 편병으로 점열문이 시문되어

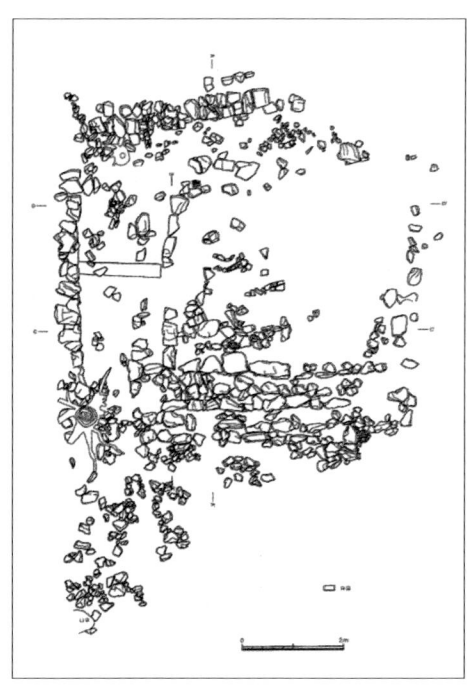

〈그림2〉 신라 건물지 평면도

〈그림3〉 신라 건물지 출토 토기류

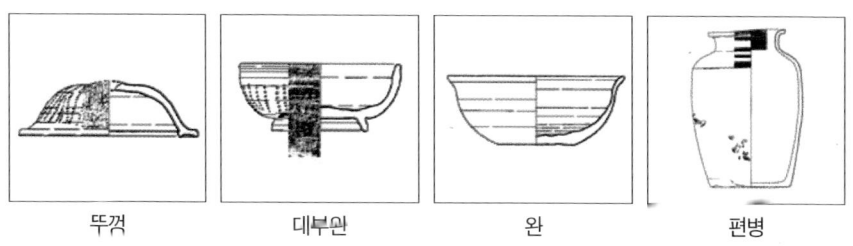

| 뚜껑 | 대부완 | 완 | 편병 |

있으나 물손질로 인해 부분적으로 지워지거나 흔적만 남아 있다.

　기와류는 다양한 문양이 시문된 평기와가 출토되었는데, 선문류의 기와는 2/3 이상 연질로 소성되었고, 선문 굵기가 세선과 태선이 섞여 있으며, 선의 방향도 직선과 사선이 있다.

　〈그림 4〉의 선문 수키와는 회청색의 경질로 소성되었으며, 배면에 종방향으로 선문이 타날되어 있고, 내면에는 조밀한 포흔이 있다. 승문 암키와는 1점만 출토되었는데, 황갈색의 연질이고, 배면에 승문이 거칠게 타날되어 있으며 내면에는 포흔이 부분적으로 관찰된다.

　격자문 수키와는 회백색의 연질로 문양이 중복되어 타날되었는데, 아래에서 위로 타날된 것으로 보인다. 내면에는 조밀한 포흔이 있고, 와변은 안쪽에서 배면 쪽으로 와도를 사용하여 거의 전면을 그어 깨끗하게 분할되었다. 어골문 암키와들도 연질과 경질이 섞여 있고, 색깔도 회청색과 회백색, 흑갈색

〈그림4〉 신라 건물지 출토 기와류

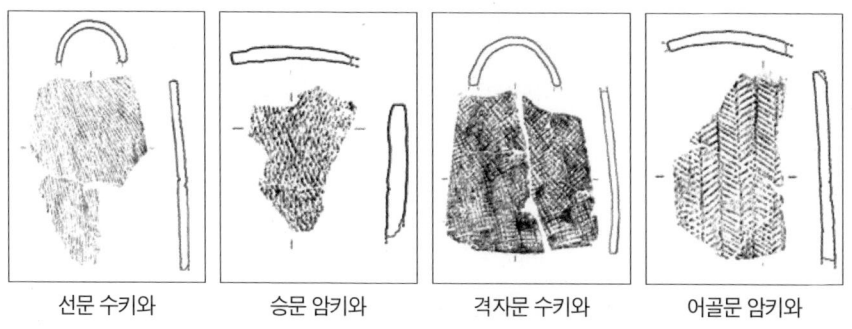

| 선문 수키와 | 승문 암키와 | 격자문 수키와 | 어골문 암키와 |

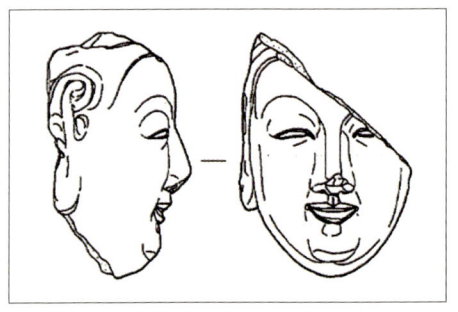

<그림5> 소조불상 전·측면도

등 다양하다. 어골문 암키와는 종방향으로 정연하게 타날되어 있으며, 문양이 중복된 방향으로 보아 우측에서 좌측으로 오면서 타날된 것으로 보인다.

소조불상은 고운 찰흙을 불상범(佛像范)에 넣어 찍어낸 후 눈과 코, 입술, 귀 등을 다듬어 소성된 것이다. 색깔은 적갈색을 띠고, 경질이며, 얼굴 형태는 전체적으로 달걀형으로 온화한 미소를 띠면서 후덕한 인상을 주고 있다. 머리 모양은 결실되어 알 수 없고, 눈썹은 반달형으로 코부분까지 매끄럽게 연결되어 입체감이 있다. 눈은 날카로운 나무나 철제 도구로 홈을 파서 가늘고 길게 표현했으며, 코는 오똑하게 세워 콧구멍까지 묘사하였다. 입술은 코 넓이보다 약간 더 넓고, 살짝 입을 벌린 모양이며, 전체적으로 양감있게 보인다. 턱은 약간의 홈을 파고 약간 돌출되도록 하여 입체감 있게 보인다. 귀는 오른쪽 측면이 남아 있는데, 귓불이 길게 늘어져 있다. 소성한 뒤에는 전체적으로 물손질하여 표면을 매끄럽게 한 것으로 보이고, 코부분을 다듬은 흔적도 있다. 소조불상의 남은 길이는 9.4㎝, 너비 7.2㎝, 두께 5.7㎝이다. 이 밖에도 시굴조사 중에 점열문이 시문된 대부완과 고배 대각, 뚜껑, 반, 편병, 귀면와편 등이 출토되었다.

2. 백사지 조사현황

백사지는 마도면 백곡리 산104번지 일원이며, 백곡리 유적과 맞붙어 있는 서쪽 구릉지대로 같은 지역이다. 이곳은 2006년 지표조사를 통해 '白寺下家'와[5] '白寺' 자가 새겨진 명문기와가 수습되어 '백곡리 사지'로 명명되었다.[6]

---
5) 한신大學校博物館, 2006, 『시화호의 역사와 문화』.

지형의 전체적인 특징은 백곡리 유적과 같은데, 북쪽 지대가 높고 남쪽으로 갈수록 경사져 있다.

현재도 절터로 추정되는 곳은 묘역과 밭으로 경작되고 있는데, 지표조사 당시의 자료를 참고해 보면, 전체적으로 3단 정도의 단차를 주고 장방형의 범위 안에 사역이 조성된 것으로 보인다. 경작지 하단부인 남쪽 부분에는 건축부재로 보이는 돌들과 함께 다량의 기와와 토기가 쌓여 있는데, 수지문 계열과 선조문·사선문류·복합문·어골문·사격자문 등 다양한 문양의 기와조각이 확인되고 있다.

토기 중에는 격자문의 타날된 백제 토기편과 파상문이 시문된 직구호류, 세격자타날문이 시문된 호 등 주로 남북국시대 토기들이 많다. 유물의 산포범위는 밭경작지와 묘소의 배수로 주위에 드러나 있으며, 북쪽이나 서쪽 과수원, 남쪽 밭경작지 주위에서도 기와와 토기가 확인되고 있다.

2010년 지표조사된 바에 의하면, 백곡리 유적인 142-1번지는 복토되어 경작

〈그림6〉 백사지 근경(남 → 북)

------

6) 한국토지공사 토지박물관, 2006, 앞의 보고서.

지로 활용되고 있으며, 142-3번지는 원룸이 지어져 있다. 그 주변도 삭토되거나 건물이 들어서 있어 원래의 지형을 파악하기 어려우며 유물도 확인하기 어려운 상태인데,[7] 필자가 답사할 당시에는 새로운 공동주택이 완공되어 있어서 이 일대에 대한 현상변경이 가속화 될 것으로 우려된다.

수습된 유물 중 대표적인 몇 점에 대하여 설명해 보면, 아래와 같다.

명문기와는 크게 네 종류가 수습되었다. 먼저 '白寺' 자 Ⅰ형[8] 명문기와는 회색의 경질 암키와로 등면에 얇은 사선문이 시문되어 있는데, 윗부분은 오른쪽에서 왼쪽으로 그 아래부터는 왼쪽에서 오른쪽으로 타날되어 있다. 그리고 명문이 있는 부분에서 다시 반대방향으로 바뀐다. 명문은 세로방향으로 '白'자와 '寺'자가 반복적으로 7회 이상 찍혔으며, 기와 상단과 명문 바로 아래로 두 줄의 가로선이 양각되어 있다. 최근 당성 1차성의 기단건물지에서 몇 점이 출토되어 주목된다.

'白寺'자 Ⅱ형[9] 명문기와는 회색의 경질 암키와로 등면에 얇은 사선문이 왼쪽에서 오른쪽으로, 다시 오른쪽에서 왼쪽으로 교차되며, 그 위에 '白'자와 '寺'자가 세로방향으로 찍혀 있다. 명문은 Ⅰ형과 마찬가지로 반복적으로 타날되어 있지만, 글씨 크기가 1.5×1.7㎝로 작은 편이다. '白寺下家'자 Ⅲ형 명문기와도 경질의 암키와인데, 윗부분에 '白寺'자가 있었지만 결실되었고, 두 줄의 가로선 아래에 '下家'자만 남아 있다. 바탕이 되는 문양은 '白寺'자 Ⅰ형 명문와와 같은 사선문이다. '下家'의 의미에 대해서는 "사원내 건물의 배치와 관련된 것이거나 일종의 寺下村과 같은 집단에서 기와를 제작하였다는 의미"로 해석될 수 있겠다.[10]

'白下'자 Ⅳ형[11] 명문기와는 회색의 경질 암키와로 등면에 사선문이 있고,

......

7) 불교문화재연구소, 2010, 『한국의 사지-사지(폐사지) 현황조사보고서(下)』.
8) 한국토지공사 토지박물관(2006) 칼라화보 인용.
9) 이 기와는 필자가 2018년 10월 3일 답사하는 과정에서 확인한 것이다.
10) 한신大學校博物館, 2006, 앞의 보고서.

〈그림7〉 '白寺' 자 명문기와(I 형)

〈그림8〉 '白寺' 자 명문기와(II 형)

〈그림10〉 '白下' 자 명문기와(IV 형)

〈그림9〉
'下家' 자 명문기와(III 형)

〈그림11〉 '白寺' 자 명문기와
(당성 기단건물지 출토)

중간에 가로선이 한 줄 있는데 그 위와 아래에 '白' 자와 '下' 자가 양각으로 뚜렷하게 시문되어 있다. 명문은 '白寺' 자 I 형과 같이 반복적으로 타날되어 있고, 글씨의 형태도 비슷하다. 와변 처리는 내면에서 등면쪽으로 3/4정도 자른 후에 분할했고, 포흔은 조밀한 편이다.

III. 백사지 주변 유적 검토

백사지와 백곡리 유적의 주변에는 삼국~남북국시대 유적이 적지 않은데, 대표적으로 당성과 백곡리 산성, 백곡리 고분군, 상안리 유적 I · II 등이 있

---

11) 이 기와는 2006년 한신대학교 박물관에서도 수습하였는데, 필자도 2018년 5월 1일에 답사하는 과정에서 확인하였다.

어 간략히 살펴보고자 한다.

1. 당성

당성은 1차성(둘레 610m)과 2차성으로 구분되고, 최근까지 7차 발굴조사가 진행되었다.[12]

1차 조사는 2차성의 북문지와 성벽, 건물지 등이 발굴되었는데, 성벽이 토석혼축되었음이 확인되었다.

2차 조사에서는 테뫼식의 1차성 존재가 밝혀졌고, 2차성의 성벽과 추정 망해루지도 조사되었다. 그리고 2차성의 서문지도 일부 발굴되었다.

3차 조사 때는 1차성의 성벽이 확인되어 축조기법이 밝혀졌고, '唐'자 명문와가 출토되어 당성의 위치 규명에 도움이 될 만한 유물로 평가된다. 망해루지 건물지에서는 삼국시대부터 중복된 유구가 발견되었고, 2차성에서는 집수지와 연못지, 건물지 등이 조사되었다.

4차 조사는 1차성의 성벽 중 210m가 조사되었는데, 남벽 일부는 협축이고 나머지는 편축되었음이 확인되었다. 그리고 건물지도 삼국~고려시대에 걸쳐 조영되었고, 2차성 축성시 1차성벽 일부를 사용하였으며, 동문지도 새롭게 찾아졌다. 주요 유물로는 '漢山', '本彼謀'자 명문기와, 백제 토기, 중국 백자가 출토되었다.

5차 조사는 1차성의 협축성벽에 대한 축조기법을 밝히는 데 주안점을 두고 진행되었고, 무시설식 집수지 일부가 발굴되었다.

......

12) 漢陽大學校博物館, 1998, 『唐城-1次發掘調査報告書』: 2001, 『唐城-2次發掘調査報告書』; 한양대학교 문화재연구소, 2018, 『唐城-제3차 발굴조사 보고서』; 한양대학교 문화재연구소, 2019, 『唐城-제4차 발굴조사 보고서』: 2020, 『唐城-제5차 발굴조사 보고서』; 한양대학교 박물관, 2021, 『唐城-화성 당성 성벽보수 구간 내 유적 발굴조사 보고서』: 2022, 『唐城-제6차 발굴조사 보고서』: 2023, 『唐城-제7차 발굴조사 보고서』.

6차 조사는 2차성의 집수시설과 그 주위 성벽이 조사되었는데, 집수시설의 경우 입수와 출수부가 확인되었으며, 성벽은 증축과 개보수가 이루어졌음이 밝혀졌다.

7차 조사는 1차성의 서벽과 인접한 평탄지 내 기단건물지에 대한 정밀조사가 진행되어 초석과 적심석, 온돌시설, 기단석열, 주공, 수혈유구 그리고 내벽 일부도 발굴되었다. 기단건물지는 정면5칸×측면2칸 규모를 기본으로 7세기 중반~9세기 후반까지 최소 3차례 이상 증개축된 것으로 조사되었다. 유물 중 명문기와는 '本彼', '梁某', '熊川州', '白寺', '館宅', '壬申', '戊寅', '丙午' 자가 시문된 것이 있고, 청동초호와 청동발, 자물쇠 등이 출토되었다.

당성의 축성시기는 1차성에서 출토된 태선문 기와류와 단각고배 등의 토기류로 보아 6세기 후반경에 석축으로 쌓여졌고, 2차성은 선문류가 시문된 장판 기와류, 인화문이 시문된 토기류, 중국 자기류 그리고 동벽에 대한 연대측정 결과, 토심부가 8세기 중반~9세기 중반, 석축부가 9세기 중반~10세기 초에 해당하는 값이 검출되어 남북국시대에 축조된 것으로 보고되었다.[13] 그러나, 6차 조사에서는 2차성 집수지와 그 주변을 발굴한 결과, 2차성 초축 등 세 번의 증·개축이 이루어졌다는 점과 초축 성벽을 고려시대에 폐기하면서 새롭게 쌓은 것으로 보아 가장 후대의 석축으로 피복한 시기는 고려말~조선초로 조사되었다.[14]

---

13) 한양대학교 문화재연구소, 2018, 앞의 보고서, 111쪽.
14) 조사단은 2차성의 축조시기를 크게 두 시기로 구분하였지만, 이번 조사의 결과로 볼 때, 집수지 주변 성벽 구간의 경우 세 번의 증개축 양상이 파악되었다. 따라서, 2차성의 축조양상이 구간별로 다를 것으로 판단되므로 앞으로의 추가조사를 통해 보다 면밀한 검토가 필요해 보인다.

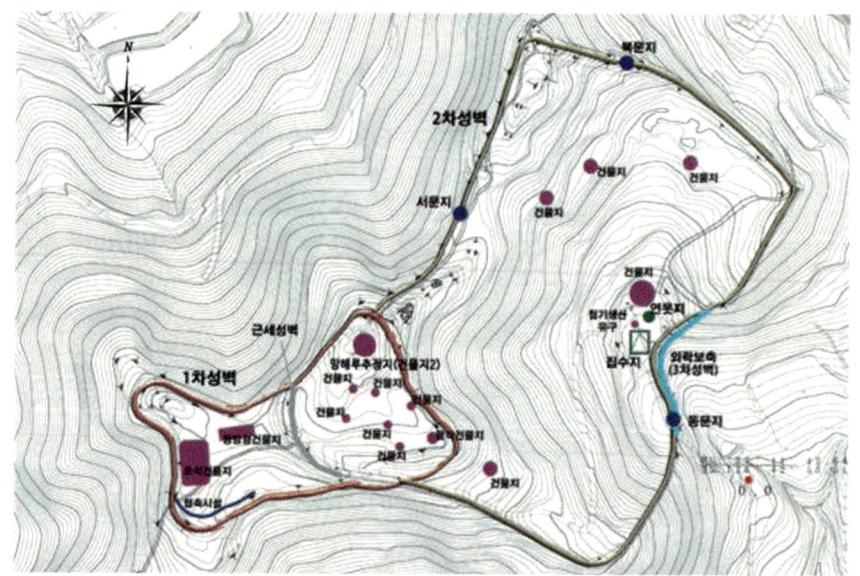

〈그림12〉 당성과 건물지 위치도[15]

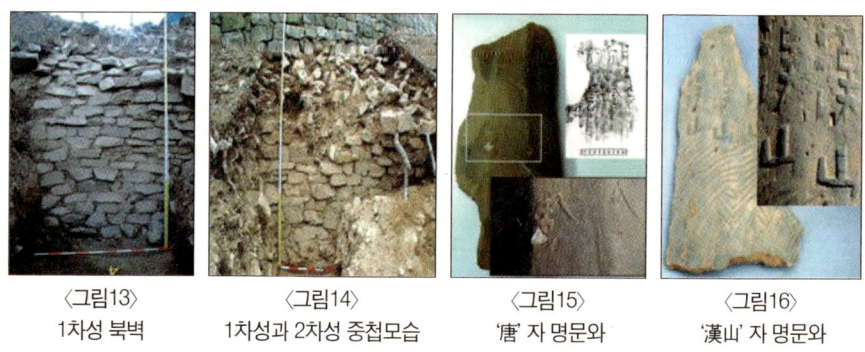

| 〈그림13〉 | 〈그림14〉 | 〈그림15〉 | 〈그림16〉 |
| 1차성 북벽 | 1차성과 2차성 중첩모습 | '唐' 자 명문와 | '漢山' 자 명문와 |

2. 백곡리 산성

이 성은 마도면 백곡리 산135번지에 위치해 있는데, 백곡리 향기실마을의 남서편, 구리개마을의 북편에 위치한 낮은 야산에 축조되어 있다. 성은 이 산

---

15) 배기동・김기룡 외, 2018, 「당성, 고고학의 성과」, 『당성과 해양 실크로드』, 18쪽(그림6 전재).

의 정상부를 둘러싼 테뫼식 산성으로 평면이 타원형에 가깝고 둘레가 320m 이다. 이 성은 대부분 흙으로 축조되어 있는데, 서·북·남벽이 협축식, 동벽 일부 구간이 편축식으로 축조되었고, 성 외벽 높이는 4~6m, 내벽 높이는 0.7 ~2.4m이다. 성의 문지는 동·서문지가 있는데, 서문지 남측벽이 옹성 형태 로 돌아가는 형상을 하고 있다. 그리고 남동회절부에서는 청명산성과 남양만 을 건너 우정면 일대가 조망된다.

서문지 주변에서 수습된 기와류는 선문과 석문, 어골문, 무문 등으로 주로 남북국~고려시대 기와편이다.[16] 이밖에도 최근 조사된 바에 의하면, 성의 서 쪽으로 연결되는 봉우리 정상부에 평탄지가 있고, 그 서편에 구릉 일부가 절 토된 곳에서 토석혼축 양상과 기와편이 확인되었다. 이로보아 성곽 범위가 서 쪽으로 확대될 가능성이 있고, 순수한 토성이 아닌 토석혼축된 구간도 있는 것으로 추정되므로 향후 정밀조사를 통해 밝혀져야 하겠다.[17] 이 성의 동쪽 약

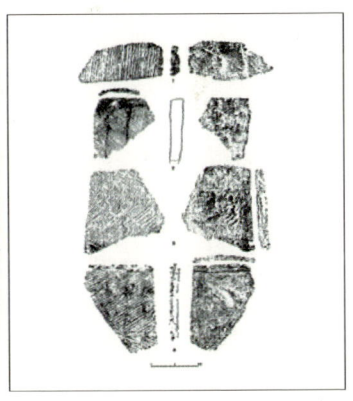

〈그림17〉 백곡리 산성 서쪽 구릉 절개면[18]   〈그림18〉 백곡리 산성 수습 기와류[19]

......
16) 경기도박물관, 2000, 『도서해안지역 종합학술조사 I』, 243~250쪽; 한국토지공사 토지박물관, 2006, 앞의 보고서, 280~281쪽.
17) 한국문화유산연구원, 2015, 『화성 당성 주변 학술조사 보고서』, 114~117쪽.
18) 한국문화유산연구원, 2015, 위의 보고서, 117쪽(사진29 전재).
19) 경기도박물관, 2000, 앞의 보고서, 248쪽(도면16 전재).

500m 지점에는 백곡리 고분군, 서쪽 약 2km 거리에 당성, 남쪽 약 1km 지점에 청명산성이 분포해 있다.

3. 백곡리 고분군

고분군은 백곡리 향기실 마을 동쪽 뒤의 안산(案山) 정상부 능선과 사면에 서부터 북쪽의 망산(望山) 뒷산 일원까지 포함하여 크게 3군데로 나눠지며, 남-북 1.2km 범위에 분포해 있는 것으로 파악되었다. 이곳에서 확인된 고분은 대부분 4~5세기대 백제 석곽묘과 고려시대 석곽묘일 것으로 추정되고 있지만, 필자의 판단으로는 토광묘나 석실묘도 병존(竝存)할 가능성이 있으며, 신라 고분도 발견될 가능성이 높다.[20]

발굴조사는 1~3지점까지 확인된 고분 12기 중에 6기 정도가 발굴되었는데, 1·5호는 수혈식 석곽묘로, 8호는 횡구식 석곽묘로 추정되고 있다. 매장주체부 크기는 1호가 길이 375cm, 너비 130cm, 깊이 160cm로 가장 크고, 5호가 길이 360cm, 너비 140cm, 깊이 60cm, 8호는 길이 260cm, 너비 100cm, 깊이 126cm이다. 그리고 1·5호에서는 관정이 출토되었고, 5호 바닥은 점토를 다진 그 위에 편평석을 놓아 관대로 사용하였을 가능성도 있다. 따라서, 목관을 사용했을 가능성이 높은 것으로 보인다.

발굴된 고분에서는 토기와 철제 무기·마구·농공구, 옥구슬 등의 장신구류가 출토되었는데, 토기류는 원저단경호와 승문호, 장란형토기, 심발형토기, 꼭지 없는 뚜껑, 광구호 등이 출토되어 백제 한성기 토기와 유사하다. 또한, 1호에서는 대도와 단갑, 재갈 등이 출토되었고, 5호에서도 대도와 철모, 화살촉, 도끼, 낫 등이 수습되어 피장자가 무장(武將)일 것으로 추정되고 있다.[21]

......
20) 4~5세기대 백제인들은 석곽묘와 함께 토광묘, 석실묘도 함께 축조했으며, 백제 고분군 주위에 고구려나 신라인들도 묘를 축조한 예가 하남 광암동, 성남 판교동, 용인 보정동, 화성 청계동, 안성 장원리 등으로 보아 적지 않기 때문이다.

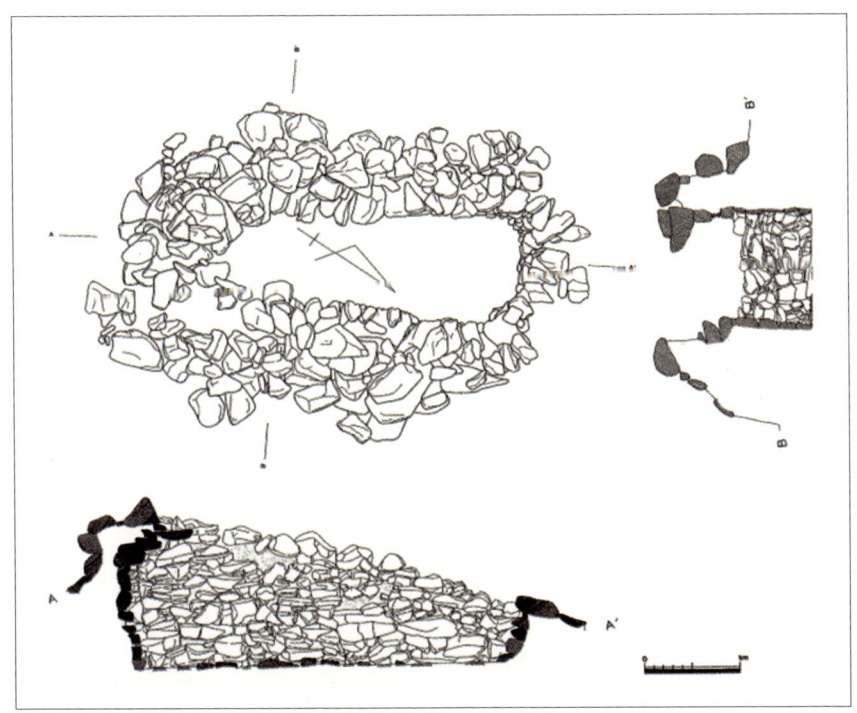

〈도면2〉 백곡리 1호 석곽묘 평·단면도

이밖에도 백곡리 고분군2에서는 고려시대 토기도 수습되어 상당 기간 동안 고분이 축조되어 온 것으로 여겨진다.

4. 백곡리 유물산포지

향기실마을 북쪽에 인접한 구릉과 경작지로 지표상에서 민무늬토기와 마제석촉 등이 채집되고, 하단부의 저평한 지역에서는 석문이 시문된 백제 토기편이 수습되었다. 유물은 묘역이 조성되는 과정에서 드러난 것으로 보이며, 청동기시대부터 삼국시대에 이르는 주거지와 고분 등이 매장되어 있을

---

21) 김원룡, 1971, 「화성군 마도면 백곡리 백제고분과 토기류」, 『백제연구』 2; 한국정신문화연구원, 1994, 『삼국시대유적의 조사연구(II) 화성백곡리고분』.

가능성이 높다.[22] 그러나, 현재는 공장 등의 건물이 지어져 원래의 지형을 찾아보기 어려우며, 유물산포지에 포함되는 백곡리 135-5번지에 대한 발굴조사에서도 대지조성 등의 과정에서 이미 원지형이 훼손되었음이 확인되었다. 다만, 수습조사 결과 조선시대 수혈주거지와 백자 등의 유물이 출토되었다.[23]

5. 상안리 유적 II

이 유적에서는 I구역에서 도로유구, 수혈유구 5기, 구상유구가 조사되었고, II구역에서는 온돌과 배수시설이 갖추어진 건물지가 발굴되었다.[24] 수혈유구 중 3호를 제외한 나머지 1·2·4·5호는 주거지로 추정되는데, 1호는 평면이 말각방형으로 규모가 225×220×55cm(4.95㎡), 내부에서 연도부와 굴뚝을 갖춘 부뚜막시설이 확인되었으며, 토기 발 1점이 출토되었다. 2호도 평면이 말각방형일 것으로 추정되고, 규모가 340×100×20cm(3.40㎡)이며, 유실이 심한 상태이지만 평면형태와 유구 바닥에서 불이 사용된 흔적, 석축시설이 있다는 점으로 보아 1호와 같은 시기에 조성된 것으로 추정되고 있다.

5호는 평면이 장타원형에 규모가 가장 큰 940×580×86cm(54.52㎡)로 북쪽과 중앙부에 연도시설로 보이는 석렬이 있으며, 부뚜막시설도 북벽 가까이에 남아 있다. 유물은 크고 작은 호와 병 조각, 납석제 용기편, 석촉편, 철도자, 철정, 기와조각 등이 출토되었다. 3호 수혈유구는 저장을 했던 구덩이로 토기편과 납석제 용기, 기와편, 숫돌, 철정, 용도미상의 철편 등이 출토되었다.

II구역에서 조사된 2호 건물지는 1호 건물지의 서쪽 아래 약 20m 거리에 있으며, 배수시설과 석축, 온돌시설의 일부만 남아 있는 상태였다. 온돌시설은 구들장이 남아 있는 상태로 확인되었으며, 2줄의 구들열을 갖춰 외줄의 고래를 이룬다. 출토된 유물로는 대호·등잔·호·병·뚜껑조각 등이고, 집선

......
22) 한국토지공사 토지박물관, 2006, 앞의 보고서, 274~276쪽.
23) 서경문화재연구원, 2012, 「화성 백곡리 135-5번지 주택신축부지 내 유적 발굴조사 약식보고서」.
24) 한국문화재보호재단, 2007, 『화성 상안리유적 II』.

〈그림21〉 상안리 유적Ⅱ-2호 건물지[25]

〈그림22〉 상안리 유적Ⅱ-2호 건물지 출토 토기류(좌), 기와류(우)[26]

문 암·수키와 조각 등이다.

그리고 구상유구에서는 납석제 인장 1점과 도기 대호·호·병편이 출토되었고, 1호 건물지는 조선시대에 조영된 것으로 파악되었지만, 유구 상단부에

-----
25) 한국문화재보호재단, 2007, 위의 보고서, 8쪽(원색사진6).
26) 한국문화재보호재단, 2007, 앞의 보고서, 8~9쪽(원색사진6·7).

서 신라 토기와 기와조각이 수습된 점으로 볼 때 2호 건물지와 상호 관련성이 있을 것으로 판단된다. 그러한 추론이 가능한 이유는 2호 건물지가 1호 건물지보다 서쪽 아래쪽에 위치해 있어 신라 유물이 1호 건물지 쪽으로 유실되기에는 불가능한 측면이 있기 때문이다. 물론 층위상으로는 건물지가 중복되었거나 재활용된 점을 발견하지 못하였지만, 적지 않은 유물이 수습된 것으로 보아 1호 건물지나 그 주위에 신라 건물지가 더 있었을 개연성이 있다고 추정된다.

이 유적의 조성시기는 8~9세기에 형성된 것으로 보이는데, 대형 호와 인화문이 사라져 가는 토기, 선문이 시문된 기와 등으로 보아 9세기를 중심으로 하고 있다. 그러나, 2호 건물지의 온돌에서 수습된 목탄의 방사성탄소연대측정값이 1450±50BP(475 AD 또는 600AD)로 측정되어 삼국시대 말에 조성되었을 가능성도 배제할 수 없다.[27]

IV. 백사지의 조성 시기와 성격

1. 조성 및 경영 시기

백곡리 유적에서 조사된 신라 건물지의 남은 상태는 좋지 못하지만, 건물지 규모가 동—서 220㎝, 남—북 220㎝로[28] 밝혀져 평면 방형에 정면과 측면이 각 1칸인 것으로 조사되었다. 그리고 건물지를 둘러싼 담장이 서쪽과 북쪽에 일부 남아 있는데, 원래는 더 길었던 것으로 추정된다.[29] 건물지 서쪽과 남쪽

......
27) 한국문화재보호재단, 2007, 앞의 보고서, 162쪽.
28) 보고서 〈도면 12〉를 참고해 보면, 건물지 기단석렬이 서쪽과 남쪽에 남아 있는데 서쪽 석렬 길이가 중간에 끊긴 부분까지 포함하면 360㎝ 정도이고, 남쪽 기단석렬도 작은 할석렬이 더 남아 있어 원래는 400㎝ 정도일 가능성이 있다.

기단석렬은 바깥면을 맞춰서 돌을 정연하게 놓았고, 건물지 서남 모서리 안쪽에 초석 1기가 놓여 있으며 작은 할석과 기와조각이 출토되었다. 초석과 관련된 적심석은 없는 것으로 파악되었고, 건물 남쪽에는 2단의 계단시설이 갖추어져 있다.

 따라서, 이 건물지는 정면이 남쪽이고, 평면은 방형이면서 기단석렬의 정면과 측면이 각 1칸 규모이다. 건물 북쪽 뒤로 담장이 있어 공간이 분리되어 있고, 남쪽에 계단시설이 있어 지면과 건물이 약간의 높이 차이가 있었던 것으로 보인다. 또한, 건물지가 백사지로 추정되는 지역과 맞붙어 있어서 사역(寺域)의 본 건물이 서쪽의 묘역과 밭경작지에 집중되어 있을 것으로 여겨진다.

 다음으로 이 건물지에서는 조성 및 경영시기와 성격을 추정해 볼 수 있는 유물인 토기와 기와, 소조불상조각이 출토되었으므로 이에 대하여 살펴보고자 한다.

 먼저, 백곡리 유적에서 출토된 신라 토기들 중 종장점열문이 시문된 뚜껑과 대부완은 삼국 통일 이후에 등장하는 것으로 알려져 있으며, 사각편병은 그보다 더 늦은 시기인 화성 청계동 유적과 안성 망이산성 등에서 출토된 바 있다. 종장점열문이 시문된 토기편은 당성 2차성의 북문지에서 망해루지로 이어지는 Ⅲ-2지구에서 거의 같은 종류의 뚜껑이 출토되었고, 성벽 1지점과 Ⅰ지구 건물지에서도 조각으로 수습되었다.

 이와 비슷한 뚜껑이 상안리 2호 건물지에서도 출토되었는데, 뚜껑 상면에 음각선이 있고, 세로방향으로 단사선문과 점열문이 교대로 시문되어 있다. 구연부는 약간 직각으로 꺾여 있으며 드림은 짧은 내경한 점이 특징이다. 이 밖에도 청계리 나-A-2구역 7호 굴립주 건물지와 남양동 5지점 신라건물지에

---

29) 북쪽 담장석렬은 2열로 돌을 놓아 담장으로 보는데 무리가 없지만, 방향이 건물지와 나란하게 동-서쪽으로 뻗어 있지 않고 약간 비스듬하게 동쪽으로 갈수록 간격이 넓어진다. 그리고 서쪽 담장석렬은 1열만 남아 있으면서 돌을 동쪽면에 맞춰 쌓아 북쪽 담장석렬과 축조방법이 다르다. 이로보아 서쪽 담장석렬은 다른 건물의 기단석렬일 가능성도 있다고 생각된다.

<그림23> 백곡리 유적과 주변 유적 출토 신라 뚜껑

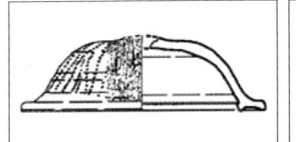
백곡리 유적 출토품

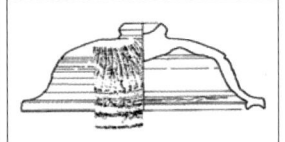
당성 III-2지구 출토품

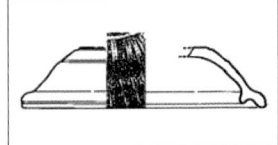
상안리 2호 건물지 출토품

서도 점열문이 시문된 뚜껑조각이 출토되었는데, 백곡리 유적 출토품보다는 조금 늦은 시기의 것들로 판단된다.

 편병은 구연이 외반되었고, 저부가 평저이며, 경질인 점이 특징인데, 이와 비슷한 기형의 편병이 청계리 유적의 나지구 A지점 1구역 1~7호 가마와 망이산성에서 출토되었으며, 8세기 후반~9세기 경에 제작된 것으로 여겨진다.

 다음으로 기와류를 살펴보면, 일반적으로 삼국시대에는 격자문이나 승문 및 선문계의 문양을 가장 널리 사용했던 것으로 알려져 있다. 백곡리 유적에서는 선문이 가장 많은 비율을 자시하고, 백시지에도 선문류가 많으며, 격자문과 승문·어골문 등도 수습되었다. 선문은 수키와와 암키와 모두에 시문되었는데, 상안리 2호 건물지에서도 선문 수키와가 출토되었.

 이 출토품은 회청색에 경질 수키와로 선문이 타날되어 있으며, 내면에는 포흔과 쓸림흔이 있다. 와변은 내면에서 등면으로 1/3정도 자른 후 분리되었고, 백곡리 유적 출토 선문 수키와보다 약간 더 길고 얇은 편이다. 당성 망해루지에서 출토된 선문 수키와는 앞의 기와들보다 선이 굵은 태선문이며, 선의 두께가 일정치 않고 거칠게 시문된 점이 다르다.

 또한 와변처리도 분할 후 깎기 조정을 하여 내면에서 등면으로 분할하는 방법보다는 고식(古式)으로 처리되었다. 따라서, 기와의 제작시기는 당성 망해루지 출토품이 가장 앞선 삼국시대이고, 백곡리와 상안리 2호 건물지 출토품이 원통와통에서 제작된 점, 토수기와에 중판 타날판을 사용한 점 등으로 보아 7세기 말~8세기 전엽에 제작된 것으로 판단된다.

〈그림24〉 　　　　〈그림25〉 　　　　　〈그림26〉
백곡리 유적 출토품　상안리 2호 건물지 출토품　당성 망해루지 출토품

　다음으로 백사지에서 수습된 '白寺' 자 명문기와의 바탕이 되는 사선문이 시문된 암키와는 당성 2차성 북문지에서 망해루지로 이어지는 성벽2-1과 Ⅲ-2지구에서도 출토된 바 있다. 그리고 백곡리 산성에서도 이와 비슷한 사선문 기와가 수습되고 있으며, 백곡리 유적에서 발굴된 기와가마에서도[30] 확인되어 생산과 유통 관계를 파악하는 데 도움이 될 것으로 보인다.
　끝으로 백곡리 유적에서 출토된 유물 중 가장 주목되는 것은 소조불상(이하 '백사지 소조불상')이라고 할 수 있다. 이 불상은 비록 얼굴 부분만 남아 있는 것이지만, 화성지역은 물론 경기도에서도 처음 확인된 신라 소조불상이라는 점에서 학술적으로나 미술사적으로 그 의미가 적지 않다. 소조불상은 삼국에서 모두 제작되었으며, 6~7세기에 만들어진 적지 않은 수의 작품이 전해져 오고 있다. 신라에서는 고구려와 백제에[31] 비해 늦게 제작된 것으로 추정되고

------
30) 백곡리 유적의 기와가마를 보고자는 고려시대로 추정하였지만, 선문류 기와와 승문·격자문·어골문 등이 섞여 있는 것으로 보아 백사지에 공급하기 위해 조성된 가마로 여겨지며, 운영시기도 남북국시대 후기부터 운용되었을 가능성이 있다고 생각된다.
31) 최성은 익산 제석사지(사적 제405호) 폐기장에서 출토된 소조상을 통해 볼 때, 7세기 전반이 되면 중·대형 소조상이 많이 제작되었다고 보았다(최성은, 2013, 「百濟 7세기 塑造像의 樣相과 傳播」, 『百濟文化』 49).

〈그림27〉 백사지 출토 소조불상   〈그림28〉 평남 원오리 사지 출토 소조불상   〈그림29〉 황룡사지 출토 소조불상   〈그림30〉 익산 제석사지 폐기장 출토 천부상

있다.

  신라 소조불상에 관한 기록은 진평왕 36년(614)에 영흥사의 소불이 저절로 무너졌다는 것과[32] 흥륜사에 진흙〔泥塑〕으로 만들어진 신라 승려의 상이 있었다는[33] 것으로 보아 신라에서도 활발하게 소조불상이나 승려상이 소조로 만들어졌음을 알 수 있겠다.

  신라 소조불상의 예로는 성주 오류리 출토 보산입상, 경주 황룡사지 출토 소조좌상편, 황룡사지 외곽 발견 역사상, 경주 석장사지 출토 소조불상편, 경주 능지탑지 소조상이 있고, 보령 성주사지 소조삼천불상 정도로 많지 않은 편이어서 백사지 소조불상은 희소가치가 있을 뿐 아니라 미술사적으로도 중요도가 있다고 하겠다.

  소조불상의 제작방법은 대체로 성형한 후 그대로 말리는 건조식과 가마에서 굽는 소성식이 있으며, 표면에 채색을 하거나 시유하기도 한다. 삼국시대에 소조불상을 많이 제작했던 이유는 석조불상이나 금속제 불상보다 경제적

---

32) 『三國史記』卷4, 新羅本紀4 眞平王 36年條 "永興寺塑佛自壞 未幾 眞興王妃比丘尼死."
    『三國遺事』卷3, 興法3 原宗興法 猒髑滅身 "建福三十一年 永興寺塑像自壞 未幾 眞興王妃比丘尼卒."
33) 『三國遺事』卷3, 興法3 東京興輪寺金堂十聖 "東壁 坐庚向泥塑 我道, 猒髑, 惠宿, 安含, 義湘, 西壁 坐甲向泥塑 表訓, 蛇巴, 元曉, 惠空, 慈藏."

비용이 적게 들고, 표현이 자유로우며, 불상범을 제작할 경우 수량에 제한이 없는 장점이 있다.

이밖에도 불교 전래 초기에 금속제 불상의 주조기법상 어려움이 있었고, 석조불상도 철제 공구의 한계 때문에 흙이나 나무로 불상을 많이 만들었을 것이다. 백사지 소조불상은 부여 정림사지나 능산리사지 출토품처럼 머리와 신체가 별도로 제작된 후 필구된 것으로 보이며, 일반적으로 소형의 소조불이 한꺼번에 많이 제작되는 것으로 보아 백사지 인근 가마에서 생산되었을 가능성이 높다고 판단된다.

백사지 소조불상을 6세기대 제작된 평남 원오리사지나 황룡사지, 정림사지 출토품, 7세기 초에 제작된 제석사지 출토품과 비교해 보았을 때, 눈썹의 형태나 눈을 가늘고 길게 뜬 점은 유사하다. 그러나, 원오리사지나 정림사지, 제석사지 출토품의 코가 작고 낮은 편인데 반해, 황룡사지 소조불상은 코 양옆과 입 주위를 깊게 눌러 입체감이 돋보이게 만든 점이 특징이다.

반면, 백사지 소조불상의 코는 마치 반가사유상들처럼 콧대가 높고 큰 편이어서 다소 차이가 있다. 불상의 입은 백사지와 황룡사지 소조불상이 약간 두툼한 편이지만, 원오리사지와 정림사지, 제석사지 출토품은 입 크기가 코 너비와 비슷할 정도로 작고 입 가장자리가 살짝 올라가 잔잔한 미소를 띠고 있다. 머리형태는 원오리사지 출토품은 소발 즉 민머리칼이고, 제석사지 출토품은 머리카락을 위로 모아 정수리에서 띠로 묶어 놓은 모습인데, 백사지 소조불상은 머리부분이 깨져 그 형태를 추정하기가 어려운 상태이다. 제작기법을 보면, 원오리사지, 정림사지 출토품은 불상범으로 제작되었고, 제석사지 출토품은 상 내부에 각목을 사용하여 골조를 만들어 성형한 후, 환원염에 의해 소성된 것으로 표면은 회색조를 띠고 경질이다.

이상의 내용을 정리해 보자면, 백사지 소조불상은 불상범을 사용하여 제작된 것으로 보이고,[34] 얼굴 형태를 찍어낸 뒤에는 나무나 철제 도구를 사용하여 눈 안쪽을 긁어서 표현하고, 입술과 코, 인중 부분도 다듬은 흔적이 관찰된다. 소성한 뒤에는 물손질하여 표면을 비교적 매끄럽게 마무리하려고 했던 것으로 보이지만, 이마와 코 일부분에 백색 가루가 묻은 것처럼 밝아보여 제작 당시에는 채색되었을 가능성도 있다.[35] 그리고 불상 표면이나 속이 모두 적색을 띠는 것으로 보아 산화염으로 저화도에서 소성된 것으로 보인다. 산화염으로 저화도에서 생산된 예는 원오리사지, 정림사지, 능산리사지, 부소산사지 등 여러 군데에서 출토된 작품들이 있다.

따라서, 백사지 소조불상을 황룡사지나 백제 소조불상과 비교해 보았으나,

〈그림31〉 부여 능산리사지 출토 소조불상편   〈그림32〉 화엄사 서오층석탑 출토 청동여래좌상틀

· · · · · ·

34) 불상범은 평양 토성리 출토 도제소조불범(陶製塑造佛范)과 전북 김제시 성덕면 출토 동제판불, 전남 구례 화엄사 서오층석탑 출토 청동여래좌상틀(보물-화엄사서오층석탑사리장엄구)이 있다(國立文化財硏究所, 1997, 「구례 화엄사 서오층석탑(보물 제133호) 출토 유물의 보존처리」, 『보존과학연구』 18 참조). 화엄사 서오측석탑 출토 청동여래좌상틀의 제작 시기를 김리나는 7세기 후반으로 보고 있고, 최성은 9세기 후반으로 보고 있어 제작 시기에 대한 견해 차이가 있다 (최성은, 2000, 「화엄사 서오층석탑출토 청동제 불상틀(范)에 대한 고찰」, 『강좌미술사』 15, 39쪽; 김리나, 2001, 「통일신라시대 미술의 국제적 성격」, 『통일신라 미술의 대외교섭』, 22~23쪽).
35) 황룡사지의 중문지 부근에서 일괄 출토된 14점의 소조편에도 흰색으로 채색된 흔적이 확인되었고, 제석사지나 정림사지 출토품에서도 관찰되어 국적에 상관없이 당시에는 소조편에 채색을 적지 않게 했던 것으로 보인다(국립경주문화재연구소, 2012, 『사천왕사 녹유-신장벽전』 참조).

전체적인 제작기법이나 채색여부는 상호 관련성이 있지만, 이목구비의 형태나 세밀한 표현기법은 독특한 편이기 때문에 이를 지방양식의 한 형태로 보는 것이 어떨까 한다.

이상으로 백곡리 유적과 주변 유적에서 출토된 유물들과 비교해 본 결과, 유적의 상한 시기는 토기와 기와로 볼 때 상안리 2호 건물지와 그 시기가 비슷한 것으로 판단된다. 그리고 소조불상도 고구려 및 백제 출토품과 비교해 보았지만, 얼굴 부분만 남아 제작시기를 추정하는 데 어려움이 있다. 다만, 공반 출토된 토기는 8세기, 기와류는 7세기 말부터 9세기대에 제작된 수량이 많은 편이다. 그리고 명문기와는 네 개의 유형이 확인되었고, '숨○' 자 명문기와 등도 있어 다양한 종류의 명문기와가 여러 차례 생산되었던 것으로 여겨진다. 또한 소조불상도 고구려와 백제 소조불상들과 제작기법이나 생김새가 비슷한 점도 있고, 다른 점도 보이므로 특정시기로 추정하기에는 아직 무리가 있지만, 공반 출토된 유물로 보아 8세기를 전후한 시기에 제작되었을 가능성이 높다고 판단된다. 다만, 지방에서 발견된 예가 매우 적으므로 앞으로의 조사와 연구를 기대해 봐야 하겠다.

한편, 백곡리 유적의 하한시기는 신라 건물지에서 출토된 어골문 기와와 기와가마, 폐기장에서 출토된 연화문 수막새를 참고해야 한다. 어골문 기와는 일반적인 종주어골문이 시문되어 있는데, 이러한 문양은 고려시대에 가장 많이 생산되었던 것이다. 또한 폐기장에서 출토된 연화문 수막새는 11세기, 당초문 암막새는 이보다 늦은 12세기로 판단되므로 백곡리 유적의 하한은 12세기까지로 볼 수 있겠다.[36] 참고로 청계동 유적의 라-A지점에서 발굴된 2기의 고려시대 기와가마 생산 어골문기와도 이와 비슷한데, 1호 가마의 연대가 1,080~1200년으로 편년되었다.

------

36) 연화문 수막새는 부여 정림사지와 여주 원향사지 출토품을 참고하였으며, 막새에 대해서 고재용(기호문화재연구원)의 조언이 있었음을 밝혀둔다.

2. 백사지의 성격

　백곡리 유적과 백사지는 한 구릉에 조성된 유적이지만, 일부분만 발굴되어 사지의 전모를 파악하지 못한 상태이다. 다만, 사찰과 관련있는 건물지 1동이 조사되었고, 조성시기를 알 수 있는 토기와 기와 그리고 소조불상이 출토되었다. 이러한 자료를 바탕으로 볼 때, 백곡리 유적에서 조사된 신라 건물지는 사찰의 건물로 보는데 무리가 없을 것으로 판단되므로 여기에서는 백사지의 성격에 대하여 서술해 보고자 한다.

　먼저, 입지적 특징을 살펴보고자 한다. 백사지가 입지한 곳은 동북-서남쪽으로 긴 구릉지대로 당성이 있는 서쪽 옆으로는 굴고개길이 있었는데, 지금은 터널이 개통되어 지방도 305호선이 지난다. 도로 구간에서는 상안리 건물지가 발굴되었고, 유물산포지도 있다. 그리고 백사지의 남쪽 아래는 계단식 논이 백곡2리 마을회관 앞 삼거리까지 있어 해발이 점차 낮아진다. 또한, 조사지역 주변 유적으로는 당성이 약 700m 거리에 있고, 동쪽과 동남쪽 맞은편 산에는 백곡리 고분군이 있으며, 남쪽 약 900m 거리에 백곡리 산성이, 그 아래 청명산에도 청명산성이 위치해 있다.

　따라서, 백사지는 서쪽과 남쪽 가까이에 산성이 둘러싸고 있는 형국으로 동·서쪽 산에서 내려오는 하천이 남쪽으로 흘러가고, 청명산 인근 고모리 바닷가와 가까워 취락이 형성되기에 적합한 지형적 조건을 갖추고 있다. 이와 관련된 유적인 백곡리와 상안리 유물산포지 그리고 백곡리 고분군이 형성되어 있다는 점도 그러한 가능성을 높여주고 있다. 특히 백곡리 유물산포지에서는 청동기시대 민무늬토기와 마제석촉 등이 채집되고, 하단부의 저평한 지역에서는 집선문이 시문된 백제 토기편이 수습되었다. 또한 백곡리 유적에서도 백제 수혈유구가 확인되어 주변에서 더 많은 수의 집터나 수혈이 발견될 가능성이 높다고 하겠다.

　현재까지의 조사성과로 볼 때, 백곡리 일원은 당성과 백곡리 산성이 둘러싼 대단위 취락이 형성되었던 곳으로 보이며, 백사지가 구릉 위에 입지한 점으로 볼 때 주위에서 바라보기 좋은 구릉에 입지했음을 알 수 있다. 무엇보다 이 곳은 해안가로부터 가깝다는 장점도 있어서 내륙쪽에서 당항성으로 왔을 때, 항구를 통해 출항하기 전에 머물면서 여행의 안녕을 기원하기에 적합한 장소라고 하겠다. 한편, 백곡리의 남쪽에는 고모리 개죽포가 있고, 동북쪽 방향에 해문리(海門里)가[37] 있어 이 일대가 오래 전부터 당항성과 관련된 관문 역할을 했던 곳임을 짐작케 해 주고 있다.

백사지의 가람배치는 현재로선 정밀조사가 이루어져야 그 면모를 알 수 있 겠지만, 구릉의 평면형태가 동-서방향으로 길지만, 남-북방향으로 3단 정도의 단이져 있어서 주요 건물들이 평탄지를 따라 남쪽을 정면으로 하면서 배치되어 있었을 것이다. 백곡리 유적에서 발굴된 건물은 사역의 서쪽 끝부분에 있던 건물로 생각되며, 중심사역은 기와가 많이 산재해 있는 동쪽의 묘역과 과수원, 밭경작지 일대인 것으로 판단된다.

다음으로 사찰 이름에 대해 검토해 볼 필요가 있다. '白寺' 자가 시문된 명문기와가 적어도 네 종류에 여러 점이 확인된 것으로 보아 이 사찰의 이름은 '白寺'가 분명해 보이는데, 과연 '백곡리'라는 지명과 무슨 관련이 있을까? 백곡리라는 지명은 "마을을 둘러싼 청룡산 줄기에 크고 작은 골짜기가 99개가 되어 1백 개에서 1개가 모자라 백(百)에서 한 획을 뺀 흰백(白)자를 써서 백곡리로 불렸다"고 한다.[38] 그러나, 그보다는 '백사'가 있었기 때문에 백곡리의 마을 이름이 유래되었다고 보는 견해가 보다 설득력이 있다고 생각된다.[39]

······
37) 해문리는 약 500여 년 전 조수를 이용하여 동리 입구 산간저지대를 배편으로 출입하였다고 하여 해문동으로 불렸다고 한다(화성시사편찬위원회, 2005, 『華城市史Ⅱ-충·효·예의 고장(坤)』, 766쪽).
38) 화성시사편찬위원회, 2005, 위의 책.
39) 권오영은 '백곡리'의 지명 유래가 '白寺'로부터 시작되었을 가능성이 높다고 보았다(권오영, 2006, 「始華湖一帶 關防遺蹟에 관한 새로운 知見」, 『시화호의 역사와 문화』, 한신大學校博物館, 85쪽; 2007, 「당성 주변 고대유적의 분포양상과 그 의미」, 『당성의 어제, 오늘, 그리고 내일』, 화성시, 22쪽).

그리고 한편으론 이 지역을 먼저 경영했던 백제와도 관련이 있지 않을까 한다. 백곡리에 고분을 처음 축조하고, 당항성을 개발한 국가도 백제였으며, 당성 1차성, 청명산성, 백곡리 유적에서 백제 유구와 유물이 확인된 점, 백사지에서도 백제 토기가 수습되고 있다는 점으로 보아 이 일대 유적의 형성과 백제는 직접적인 관련이 있다.

따라서, 백곡리에 백제인들이 거주했던 유구와 유물이 남겨져 있고, 고분이 장기간 축조되면서 자연스레 이 일대는 백제인들의 생활 및 묘역으로 각인되었을 것이며, 사찰명을 두 자로 지은 것도 하나의 특징이라고 하겠다.[40] 그러나, 현재로선 백사지를 백제와 연관시키기에는 무리가 있으며, 오히려 의상·원효와 더 관련성이 깊은 것이 아닐까 한다.

백사지는 앞에서 살펴본 바와 같이 토기와 기와 등의 유물을 참고해 볼 때, 삼국 통일 이후에 창건된 사찰로 보인다. 그렇다면, 화성지역에 신라 사찰이 창건된 것은 언제쯤일까? 신라가 화성지역을 점령한 시기는 진흥왕 14년(553) 이후로 추정되고 있으며, 지금의 경기도 하남시 지역에 신주(新州)를 설치하였다.[41] 이후 신라는 고구려·백제와 많은 전투를 벌이면서 한강 유역과 화성 일대를 사수하였고, 많은 수의 성곽과 고분, 취락이 조성되었으며 사찰도 창건한 것으로 전해진다.

서울·경기지역에는 많은 수의 사찰이 있지만, 창건시기와 당시의 사찰명

······

40) 몇 예를 들어보면, 서울 암사지는 일명 '암사(巖寺)'로 부르기도 하고, 하남 '동사(桐寺)', 부여 능산리 사지도 '능사(陵寺)', 계룡산의 '갑사(甲寺)' 등이 있다. 이들 사찰 중에 '암사'나 '능사', '갑사'는 백제가 창건한 사찰로 알려져 있다. 그렇다면, 비록 '백사' 명 기와가 백제 기와는 아니지만, '白' 자가 후대에까지 내려온 점은 백제와의 관련성을 짐작케 하는데 도움이 되지 않을까 한다. 물론 고구려에도 평양 동사(東寺)가 있었다고 전해지고 있어 사찰명이 두 자로 되었다고 반드시 백제 사찰의 특징이라고 단정짓기는 어려울 것 같다. 다만, 두 자로 지어진 사찰명은 주변의 유적과 직접적으로 결부되어 창건된 경우도 있고, 도성이나 왕성을 중심으로 그 방향에 따라 단순하게 결정된 경우도 있는 것 같다.

41) 『三國史記』卷4, 新羅本紀4 眞興王 14年條 "秋七月 取百濟東北鄙 置新興 以阿湌武力爲軍主."
『三國史記』卷26, 百濟本紀4 聖王 31年條 "秋七月 新羅取東北鄙置新州."

이 밝혀진 경우가 드물다. 삼국~남북국시대 사찰로 밝혀진 대표적인 곳으로는 서울 장의사지(莊義寺址), 암사지(巖寺址), 청담사지(靑潭寺址), 하남 동사(桐寺), 천왕사(天王寺), 약정사지(藥井寺址), 용인 마북리사지,⁴²⁾ 여주 고달사지(高達寺址), 안양 안양사지(安養寺址) 등이 있다. 화성지역의 사찰 중에는 5곳 정도가 삼국~남북국시대에 창건되었거나 그럴 가능성이 있다. 이들 사찰은 신라가 화성지역을 점령한 이후에 창건된 것으로 추정되는데, 현재로선 구체적으로 알기 어렵지만 『三國史記』를 통해 볼 때 대략적인 시기를 가늠해 볼 수 있지 않을까 한다.

신라는 무열왕 6년(650) 서울 신영동에 장의사를 창건하였는데, 이 사찰은 백제와 전투 중에 전사한 장춘랑과 파랑의 명복을 빌기 위해 세웠다고 전한다.⁴³⁾ 장의사지가 위치한 종로구 신영동은 북한산 비봉의 남쪽 아래로 '북한산 진흥왕 순수비지(사적)'가 있는 곳에서 가까운 곳에 위치해 있다. 이곳에 사찰이 창건된 목적은 무열왕이 국가를 위해 전사한 장수들의 명복을 빌기 위한 것과 동시에 백제와 고구려의 침략으로부터 불력(佛力)의 힘을 빌어 막고자 했던 것이다.

이와 관련하여 봉림사도 고구려와 백제의 침략을 막기 위해 창건했다는 이야기가 전해 오고 있다는 점이 주목된다. 이는 7세기 중반 백제와 고구려가 신라의 많은 성들을 지속적으로 공략하여 함락한 것에 대하여 선덕여왕이나 진덕여왕, 무열왕 때 심각한 위기감을 갖고 있었다. 이러한 국가적 위기 상황

······
42) 이 사찰터는 『寺塔古蹟攷』에 전하는 '劃珠寺'일 가능성이 있다(한신大學校 博物館, 2003, 『龍仁 麻北里 寺址』 참조).
43) 『三國史記』卷5, 新羅本紀5 武烈王 6年條 "冬十月 王坐朝 以請兵於唐 不報 憂形於色 忽有人於王前 若先臣長春 罷郎者 言曰: "臣雖枯骨 猶有報國之心 昨到大唐 認得皇帝命大將軍蘇定方等 領兵以來年五月 來伐百濟 以大王勤佇如此 故玆控告." 言畢而滅 王大驚異之 厚賞兩家子孫 仍命所司 創漢山州莊義寺 以資冥福.(이와 같은 내용이 『三國遺事』 卷2 長春郎 罷郎傳에도 기록되어 있고, 장의사지에는 현재 세검정초등학교가 자리해 있고, 운동장에 당간지주(보물)가 남아 있으며, 최근 주변지역에 대한 발굴조사에서 '莊義寺'자 명문와가 출토되어 주목된다).

은 지배층과 지역사회의 민심을 동요시키고, 경제적으로도 큰 타격을 주었을 것이다. 이와 관련하여 선덕여왕은 황룡사에서 백고좌를 베풀기도 하고,[44] 분황사와 영묘사 등의 많은 사찰을 재위 기간동안 창건하였다. 또한, 645년에는 황룡사 9층 목탑을 준공하기도 하였다.[45] 이렇게 경주를 중심으로 사찰과 목탑이 조영됨에 따라 지방 즉 한강 유역과 당항성이 있는 화성 지역에도 사찰이 창건되었을 것으로 추정된다. 그러나, 문헌에는 한강 유역에 창건된 사찰이 장의사 외에 전해지는 사찰이 없어 기존에 있던 사찰 즉 백제나 고구려인들이 창건하고 법등이 이어진 사찰을 신라인들이 지속적으로 유지하거나 중건하여 경영했을 것으로 생각된다.

그렇다면, 7세기 중반경에 당항성을 중심으로 일어났던 주요 사건 중 몇 가지를 살펴보면, 642년 백제와 고구려군이 당나라로 가는 바닷길을 막고자 공격해온 적이 있었고,[46] 648년 김춘추가 아들과 함께 당나라를 방문하고, 귀국하던 중에 김춘추 대신 온군해가 고구려군에게 희생당한 일도 있었다. 그리고 660년에는 蘇定方이 이끄는 당나라군이 덕적도에서 머물다 사비(泗沘)로 향했으며, 661년에는 의상과 원효가 당으로 유학을 떠나기 위해 당항성으로 온 일화가 전해진다. 두 사람은 유학길에 비를 만나 길 옆의 흙굴〔土龕〕에서 하룻밤을 지냈는데, 다음날 보니 해골이 있는 옛 무덤이었다는 것과 이를 통해 깨달음을 얻었다고 전한다.[47] 이로 인해 원효는 당으로 유학을 떠나지 않고 돌아간 반면, 의상만 당으로 떠나게 되었으며, 671년에 돌아왔다.

이러한 일련의 사건을 중심으로 고려해 본다면, 7세기 초부터 중반사이 여제의 맹공에 시달리던 신라는 불력의 힘을 기원하고, 왕경을 비롯한 지방에

......

44) 『三國史記』卷5, 新羅本紀5 善德王 4年條.
45) 『三國史記』卷5, 新羅本紀5 善德王 14年條.
46) 『三國史記』卷5, 新羅本紀5 善德王 11年條 "秋七月 百濟王義慈大擧兵 攻取國西四十餘城 八月 又與高句麗謀 欲取党項城 以絶歸唐之路 王遣使 告急於太宗 是月 百濟將軍允忠 領兵 攻拔大耶城 都督伊飡品釋·舍知竹竹·龍石等死之."
47) 고영섭, 2017, 「원효의 오도처와 화성 당항성」, 『신라문화』 50.

도 사찰을 창건하게 된다. 그중에 장의사와 같이 기념적인 곳을 비롯하여 주요 치소성이 있는 곳과 국경과 가까운 곳 등에 불사(佛寺)를 세웠는데, 당항성도 중국과의 외교를 위한 거점성이었기 때문에 사찰 창건은 자연스럽게 이루어졌을 것이다. 다만, 의상과 원효가 당항성에 온 일화를 염두에 두고 생각해 본다면, 백곡리나 해문리에 사찰이 있었을 가능성 또한 있다.

그렇지만, 이와 관련된 내용이 설화로 전해지지 않는 점으로 보아 '白寺'는 의상이 유학에서 돌아오는 671년 이후 창건되었을 것으로 추정된다. 그리고 백사는 당성과 인접해 있기 때문에 치소성과 관계있는 사찰로 보아야 하지 않을까 한다. 즉 치소성을 중심으로 주변 취락이 구획됨에 있어 사찰이 중심축을 이루는 역할을 할 수 있기 때문이다. 특히 평지나 구릉에 위치한 사찰은 도시구조 및 교통로와 관련이 있기 때문이다.[48] 성곽과 사찰이 관련 있는 예로는 하남 이성산성과 천왕사지 또는 동사지, 안성 죽주산성과 봉업사지, 이천 설봉산성과 관고동사지1 등이 치소성 인근에 위치한 사찰들이다.[49] 따라서, 당성 일대가 국제적인 항구로 발전하게 됨으로써 '白寺'의 기능도 단순히 신앙을 위한 목적 외에 대중적인 장소로 번창했을 것이다.

또한, 의상과 원효가 겪었던 무덤에서의 경험 및 유학의 출발지 등과 연원이 되어 '白寺'라는 사명이 지어졌을 개연성도 있으며, 사찰이 구릉지에 세워진 점으로 보아 바다나 주변 지역에서 당항성을 찾아오기 쉽도록 입지를 선정하였기 때문에 목탑이 건립되었을 가능성도 있다고 본다.

한편, 의상과 원효가 비를 피했던 무덤에 대해서는 윤명철은 고구려 봉토석실분으로, 김성태는 신라 횡혈식 석실분, 정찬모 등은 오래 전부터 백곡리 고

......
48) 필자는 하남시의 불교유적을 정리하면서 사찰의 입지와 도시구조 및 교통로, 풍수사상의 영향을 언급한 적이 있다(황보경, 2004, 「河南地域 羅末麗初 遺蹟 硏究」, 『先史와 古代』 21).
49) 신라는 6세기 중엽에 신주를 설치한 하남을 중심으로 불교사원이 창건되었을 것으로 보이며, 7세기 중엽부터 8세기 중엽 사이에는 신라의 불교문화가 뿌리내리기 시작한 것으로 이해된다. 특히 김대문이 한산주 도독으로 부임해 온 이후부터는 불교문화가 정착되기 시작한 것으로 생각된다.(황보경 2009, 『신라문화연구』, 318~319쪽).

분으로 추정하고 있다.[50] 필자도 두 사람이 무덤에서 잠을 잤을 정도라면 묘실 내부가 넓은 석곽묘이거나 석실묘로 생각되는데, 백사지와 가장 가까운 고분 군은 백곡리 고분군 밖에 없는 실정이다. 이 고분군에 대한 조사는 오래 전에 이루어진 이후 추가 조사가 진행되지 못하였고, 석곽묘 외에 석실묘의 존재가 확인되지 않았다.

그러나, 화성지역의 청계동과[51] 마하리,[52] 사창리 산5-2번지[53] 등에서는 고구려와 백제 석실묘가 발굴되어 축조집단의 국적이 밝혀져 주목을 받고 있다. 다만, 의상과 원효가 당나라로 떠나려고 했던 시대적 배경이 7세기 중~후반 경이므로 두 사람이 잠든 무덤은 백제나 고구려 석실묘일 가능성이 높다고 판단된다. 그 이유는 원효가 토굴로 여겼던 장소가 도굴된 무덤이었을 것이고, 두개골에 고인 물을 마셨다는 것으로 보아 뼈가 완전하게 부패되지 않았다는 점을 감안한다면 무덤이 축조된지 최소 50~100년 이전일 가능성이 높다. 따라서, 6세기 중반경 당성 일대를 점령했던 신라보다는 백제나 고구려인들이 축조한 석실묘일 가능성이 높은데, 백곡리 고분군에도 석실묘가 존재할 가능성이 높아서 앞으로의 조사를 기대해 봐야 하겠다.

------

50) 윤명철, 2018, 「원효의 오도처 화성 당성, 삼국시대 지정학적 및 사상적 위상」, 『제2회 화성불교문화유적 학술발표회』, 화성문화원; 김성태, 2018, 「'원효의 오도처 화성 당성, 삼국시대 지정학적 및 사상적 위상' 에 대한 논평문」, 『제2회 화성불교문화유적 학술발표회』, 화성문화원; 『경기신문』, 2013.4.17. 「(사설)화성 '당항성'을 관광명소로 만들자」; 『경인일보』, 2015.11.24., 「원효와 화성 백곡리 고분군」; 『화성투데이』, 2023.2.2., 「평택 수도사 적문스님일행 화성 당성 방문」.
51) 한백문화재연구원, 2013, 『화성 청계리 유적』.
52) 서울대학교 박물관, 2004, 『마하리 고분군』.
53) 국방문화재연구원, 2023, 『화성 사창리 산5-2번지 유적』.

V. 맺음말

　화성지역에는 적지 않은 수의 사찰이 있지만, 창건시기를 정확하게 알 수 있는 곳은 드물다. 마침 백사지로 추정되는 곳에서 명문기와는 물론 건물지 1동과 신라 토기, 기와, 소조불상편이 출토되어 신라가 화성 지역을 점령한 이후에 경영했던 사찰임이 밝혀졌다. 여기에서는 백사지의 조사성과와 의미에 대하여 요약하는 것으로 맺음말을 대신하고자 한다.

　백사지에서 출토된 네 가지 유형의 '白寺'·'白下'·'白寺下家' 명 기와는 화성지역에서 처음으로 확인된 신라 사찰의 명칭이자 관련 자료이며, 적어도 삼국 통일 이후부터 고려시대까지 법등이 이어졌다는 점을 알게 되었다. 특히 창건시기나 사찰명의 기원을 의상과 원효대사가 당항성을 통해 당으로 유학을 떠나려고 했던 일화 및 의상이 돌아왔던 때와 관련이 있을 것으로 추정된다. 그리고 당성과 인접해 있고, 바다가 보이는 구릉지대에 입지한 점, 귀면와편이 수습된 점으로 보아 사격(寺格)이 낮지 않았음을 알 수 있겠다. 다만, 출토유물의 중심시기가 8세기대이므로 앞으로의 조사를 통해 창건 및 폐사시기에 대해서는 보다 구체적으로 밝혀져야 하겠다.

　백사지에서 출토된 소조불상은 경기도지역에서 처음 확인된 신라 소조작품이라는 점에서 불교미술사적으로 의의가 있고, 동시에 신라의 지방 사찰에서 소조불상이 제작되어 봉안되었다는 점도 그 의미가 적지 않다.[54] 그리고 소조불상은 천불(千佛)이나 삼천불(三千佛) 등 많은 수가 제작되는 경우가 많으므로 지방세력의 경제적 도움 없이는 어려웠을 것이다. 따라서, 향후 이 지역의 지방세력에 대한 연구도 진행되어야 하겠다.

······
54) 최성은은 소조상들이 목탑이나 불당 내부를 장엄하는 천불벽(千佛壁)을 구성하기 위해 다량 제작된 것으로 생각된다고 하였다(최성은, 2013, 앞의 글, 7쪽). 만약, 이 소조불상이 천불전이나 목탑에 모셔졌던 것이라면 신라 지방사회의 불교 확산과 지방 귀족층의 영향력 등을 연구하는 데 큰 도움이 될 것으로 기대된다.

아울러 기와가마의 운영으로 보아 기와장은 물론 조각장도 있었음을 짐작케 해 준다. 또한, 백사지가 당항성과 인접한 지역이라는 점에서 취락의 공간구성 및 교통로와 밀접한 관련이 있을 가능성이 있다. 사찰이라는 특성상 중국과의 교류과정에서 종교는 물론 문화적인 영향도 받았을 가능성도 있기 때문에 앞으로 면밀한 검토가 필요해 보인다. 아울러 소조불상과 함께 출토된 토제 장식품, 원뿔형 토제품은 장식을 위한 용도로 추정되는데, 건물 내부 등을 장식하기 하기 위해 제작된 유물이 아닌가 한다. 다만, 소조불상이 1점만 출토되어 건물지의 성격을 추정하기에는 무리가 있어 추가적인 조사성과를 기대해 보고자 한다.

백사지는 현재까지 확보된 자료로 보아 '白寺'라는 사찰명이 분명해 보이므로 앞으로는 '白寺址'로 명칭을 수정해야 될 필요가 있으며, 화성에서 가장 오래된 사찰이라는 점 그리고 당항성과 밀접한 관련이 있는 사찰인 만큼 이제라도 적절한 보호조치와 정밀조사가 이루어져야 하겠다.

04 원효대사 오도처와 화성당성 융복합 콘텐츠 발굴
― 원효성사 순례길 중심으로

김 재 호 (인하공업전문대학 관광경영학과 교수)

I. 서론

II. 이론적 고찰

III. 유사사례 분석

IV. 원효대사 순례길 개발 구상

V. 원효대사 오도처와 화성 당성 융복합콘텐츠 개발

04 원효대사 오도처와 화성당성 융복합 콘텐츠 발굴

— 원효성사 순례길 중심으로

김 재 호 (인하공업전문대학 관광경영학과 교수)

I. 서론

과거의 점형 관광행태에서 문화·생태·종교 등 다양한 테마가 부여된 연결노선을 따라 이동하는 선형 관광 행태로 관광 패턴이 변화하고 있으며, 이에 따라 도보형 순례여행 및 자연·역사·문화 사원을 찾아 느끼고 배우는 체험형 도보 관광 수요가 증가하고 있다. 원효대사 순례길은 원효대사의 순례 경로를 따라 움직이면서 한국의 아름다운 자연과 정서를 느낌과 동시에, 트래킹을 통해 건강한 신체를 단련할 수 있어 정신적, 육체적 웰빙을 추구하는 현 시대의 요구에 부합하는 관광상품으로 발전 가능이 충분하다. 이와 관련하여 가장 한국적인 관광 소재를 통해 세계적인 관광 상품으로 발전시킬 수 있는 원효대사 순례길에 대한 관광상품 개발이 필요하다. 한국만의 순례길이 전무한 현실에서 한국만의 정신을 강조하는 순례길 조성을 위해 원효대사 순례경로 지역의 환경친화적인 탐방 상품을 개발하고자 한다. 순례를 통한 걷기를 통해 건강, 역사·문화 및 생태 체험 등 다양한 욕구를 동시에 충족시킬 수 있는 새로운 문화생태탐방 자원체계 구축이 필요하다.

특히, 화성시에 입지한 화성 당성과 원효대사 오도처는 매우 중요한 역사적 스토리를 보유하고 있으며 원효대사가 깨달음을 얻었던 스토리를 중심으로 순례 경로를 따라 관광자원이 체계적으로 제공될 경우 특색 있는 문화관광상품으로 활용할 수 있어 화성시 뿐만 아니라 국내 관광 활성화에 기여할 것으로 예상된다. 이에, 화성 당성, 원효대사 오도처의 역사성, 상징성, 숨은 이야기 등과 원효대사 순례 경로 지역의 지역성, 자연경관 등이 반영된 체험과 주제가 있는 특색 있는 탐방로 테마와 상품 및 프로그램이 개발된다.

II. 이론적 고찰

1. 원효의 일생과 사상

가. 원효의 일생
1) 탄생과 성장

원효는 압량군(지금의 경산시) 불지촌 율곡의 사라수나무 아래에서 617년 출생하였으며 원효의 탄생에 관련해서는 부처의 탄생과 비견되는 것으로 이야기되는데 이는 원효가 태어난 곳과 마야부인이 해산하러 가던 도중 룸비니 동산에서 장막을 치고 부처를 낳은 곳이 모두 사라수라는 같은 명칭을 사용하는 나무 아래라는 사실 때문이다. 즉, 원효의 입지가 당대뿐만 아니라 후대에까지 그 업적을 추대받을 정도로 높았음을 탄생 설화를 통해 알 수 있다. 젊은 날의 원효에 대한 자료는 거의 없으나 불교학은 물론 유가(儒家)와 도가자(道家者)에 이르기까지 광범한 학문을 수행한 것으로 보인다.

2) 출가와 청익

'원효불기'에 원효는 출가 후 자신의 집을 절로 삼고 '초개사'로 명명하였으며, 그의 탄생지인 사라수 근처에 '사라사'를 지었다고 한다. 원효가 반고사에 있을 때 낭지(郎智)의 지도를 받고 「초장관문(初章觀文)」과 「안신사심론

(安身事心論)」을 저술했는데, 지통(智通)과 함께 그를 스승으로 섬겼다. 그 이후, 대안(大安), 혜공(惠空), 혜숙(惠宿)에게서 대중 속으로 들어가 교화를 펼쳐야 한다는 가르침을 받고, 「금강삼매경론(金剛三昧經論)」 저술 및 성스러움과 속됨, 귀함과 천함, 삶과 죽음의 초월 등에 관해 깨닫게 되었다. 청익(請益)이란 스승으로부터 가르침을 받는 것으로 원효는 위와 같이 여러 스승들의 영향으로 대중적 교화에 대한 관심을 가지게 되었다.

3) 고행과 오도

원효가 의상과 함께 당나라 유학길에 무덤굴에서 해골과 관련된 일화(「당신라 국의상전」)를 통해 '일체유심조(一初唯心르造)'를 깨닫고 귀국했다는 설화이다. 이는 「금강삼매경론(金剛三昧經論)」이나 「대승기신론소(大乘起信論)」에서 강조되고 있는 일심사상(一心思想)을 단적으로 표현하고 있는 설화이다.

4) 교화와 시적

교화는 원효가 요석공주와 결연한 후 소성거사라 칭하고 대중과 어우러졌던 행적, 「금강삼매경론(金剛三昧經論)」을 찬술하는 설화, 샘물 용출이나 불을 끄는 등의 도술을 부리는 설화 등을 포함하고 있는 설화들이다. 시적은 원효의 열반과정으로 원효 열반 후 소상을 만들었을 때 부처와 같이 그의 사리를 나누어 가지려고 분쟁이 있었다는 설화가 전래되었다. 사리함을 둘러싼 설화 또한 부처의 열반하였을 때 여러 나라의 기마병과 병정 등이 사리를 나누어 가지려 다툼을 했다는 설화와 유사하여 불교적 영웅의 일대기로서 그려지고 있다.

나. 원효의 업적
1) 도전정신 기반으로 통일신라를 이룩해낸 대사상가
 원효는 '법화경'의 회삼귀일(會三歸一) 사상을 연구하여 신라 삼국통일의 당위성을 설파하여 통일에 의해 영구적 평화를 실현하려는 조정정책을 수립하였다. 삼국 대치라는 격동기의 상황에서 신라가 주체적이고 적극적인 자세로 삼국통일을 달성하고 세계 최고의 통일신라문화를 꽃피운 것은 원효라는 대사상가의 역할에 기반하고 있다.

2) 귀족의 위치를 버리고 대중과 함께한 자유로운 성자
 신라사회는 귀족불교와 서민불교가 나뉘어 계급 간 괴리가 심화되고 있는 상황으로 대부분의 승려는 귀족계급으로 매우 존경받는 위치에 있었다. 원효는 대사원의 귀족생활을 등지고 지방의 촌락, 길거리 등을 두루 다니며 화엄경 구절로 노래를 지어 부르는 등 불교의 이치를 대중에게 쉽게 알리는 데 노력하였다.

3) 전생애 100여 종 240여 권의 저서를 남긴 열정적 저술가
 원효는 유학의 길을 접고 신라로 돌아온 후 오직 불교학의 연구와 저술 그리고 대중교화에 몰두하였으며, 이는 대·소승불교의 모든 부분을 망라하는 100여종 240여권의 저서로 증명되었다. 그 중에서도 '대승기신론소'와 '금강삼매경론' 등은 당시 동방문화의 중심지인 중국 당나라까지 전해져 혜원, 법장 등 당나라의 고승 대덕들에게까지 큰 영향을 준 명저로 인정되었다.

4) 세계적으로 인정받는 신라불교의 전성기를 연 불교철학자
 당시 불교계는 인도에서 발원된 경론이 중국으로 건너와서 여러 학파와 종파(화엄학파, 유식학파, 율종파, 정토종파)로 분열되어 있던 상황이다. 이때 원효는 일심(一心)에 바탕을 둔 화쟁사상을 창안하여 이 모든 불법이론들을

통합시키는 회통불교를 건립하였다.

다. 원효의 사상
1) 일심사상(一心思想)

첫째, 모든 것이 돌아가는 근원을 의미한다. 인간은 가지고 있는 원래의 본성인 일심(一心)으로 돌아가는 것을 귀명(歸命)이라하고 귀명의 길이 바로 깨달음을 얻는 길이라는 주장이 있다. 즉, 우리의 마음속에 원래부터 존재하고 있는 밝고 청정한 본각자성이 곧 불(佛)이고, 이 본각자성의 오묘한 도리가 법(法)이며, 이 본각자성이 드러남이 곧 승(僧)이 되었다. 일심이란 인간이 본래 가지고 있는 본성으로 무진장의 보배와 묘용과 만상을 두루 갖추고 있는 누구나 공통으로 지니고 있는 보물 중의 보물이다. 원효는 '대승기신론소'에서 일심의 특징을 바다에 비유하여 설명하였다.

「대승기신론소」

귀명(歸命)이란 근원에 돌아간다는 뜻이다. 중생들의 육근(六根)이 원래는 이 일심으로부터 일어났는데, 스스로 근원을 등지고 육진(六塵)으로 흩어져 계속 밖으로 달려 나가기만 한다. 그래서 이제 목숨을 걸고 바깥 경계로만 치닫는 이 육정(六情)을 모아 그 본래의 일심의 근원으로 돌이키고자 한다. 이런 연유로 귀명이라 한다. 그리고 이 귀명의 대상은 일심이며 일심은 곧 삼보(三寶)를 말한다(원효전서, 5권, p.103).

바다에는 네 가지 뜻이 있으니 첫째는 매우 깊음이요, 둘째는 광대함이요, 셋째는 온갖 보배가 다함이 없음이요, 넷째는 온갖 형상이 비치어 나타냄을 말한다(원효전서, 5권, p.120).

자료: 「원효, 그의 삶과 사상」, 한국문화사

둘째, 누구나 갈 수 있는 부처의 길을 의미한다. 원효는 이러한 귀명을 방해하는 두 요소를 의혹(疑惑)과 사집(邪執)이라고 규정하고 이를 제거하기 위하여 일심법을 세우고 두 가지 수행방법을 제시하고 있다. 이러한 일심사상은 학문적으로 수행을 한 보살이나 아무런 지식이 없는 중생의 차이가 없이 모든 사람이 부처가 될 수 있다는 희망을 제시하고 있다.

2) 화쟁사상(和諍思想)

다르게 보이지만 다르지 않은 불법의 대해를 의미한다. 당시에 첨예하게 대립하던 소승과 대승, 성과 상, 공과 유, 진과 속이 서로 다르다고 이야기하고 자신들만 옳다고 주장하고 있지만, 모두가 실제의 모습으로 돌아가면 하나로 만난다고 설파한 사상이다. 아래의 '십문화쟁론' 인용문을 통해서 볼 때 원효의 화쟁에 대한 의미와 태도는 겉으로 드러나 있는 형상에 이끌리지 말고 본질적인 근원으로 돌아가면 모든 이상들이 하나의 맛인 불법 대해로 연결된다고 설명하고 있다. 이는 마치 붉은색과 푸른색이 서로 다르지만 겉으로 드러난 자상(自相)을 버리고 근원으로 돌아가면 결국에는 무색의 바탕색 위에서 서로 만나는 것과 같으며 진여심과 생멸심이 일심 위에서 만나는 원리와 동일하다. 원효의 거의 모든 저서가 화쟁사상을 담고 있지만 그 가운데서도 특히 「열반경종요」, 「법화경종요」, 「대승기신론소」, 「화엄경소」 및 「십문화쟁론」에 화쟁의 논리가 가장 잘 드러나 있다. 일심사상과 화쟁사상은 서로 순환되면서 존재의 궁극적인 목적인 본각자성을 깨우쳐 불법의 대해에 이르는 길에 마치 수레의 두 바퀴와 같은 중대한 역할을 하고 있다.

'십문화쟁론'이라 함은 여래가 이 세상에 계실 때는 세존의 말씀에 의거하여 대부분의 중생들이 곧바로 불법의 대해로 들어갔지만 세상이 혼탁하여져 중생들의 근기가 적어지니 공공의 논설들이 구름같이 나타나 저마다 자기네들의 종파는 옳고 다른 종파는 틀린다고 말하며 혹은 자기네들의 언설은 그러하고 다른 이들의 언설은 그러하지 않다고 주장하면서 저마다 자기중심적인 아집으로 기울어져 결국에는 황하와 한강의 차이로 벌어지게 되었다.

    크고 작은 산들이 형형색색으로 즐비하게 늘어서 있지만 그들은 돌고 도는 계곡을 끼고 서로 만난다. 유를 증오하고 공에 애착함은 나무를 두고 다시 숲속에서 나무를 찾는 것과 다름이 없는 일이다. 비유적으로 표현하면 색상을 보아서는 청색과 남색이 서로 다르지만 그 바탕은 같고, 얼음과 물은 외부의 조건에 따라 다양한 형상을 보이지만 전체적으로 원융된다 (십문화쟁론, 5권, p.783).

자료: 「원효, 그의 삶과 사상」, 한국문화사

3) 무애사상(無碍思想)

    첫째, 모든 것에 대한 집착을 버린 모습을 의미한다. 무애(無碍)는 일체의 걸림이 없다는 의미로 '일체의 걸림이 없는 사람은 한 길로 삶과 죽음을 벗어난다(一切無碍人 一道出生死)'에서 유래하고 있다. 나라는 집착인 아집에서 벗어나고 내가 이미 알고 있는 여러 가지 잡다한 관념, 관습, 지식, 외부 대상 등에 대한 집착인 '법집'에서 벗어나 적극적이고 자유로운 삶을 영위해 갈 것을 권유하고 있다.

    둘째, 자유인의 모습으로 뛰어든 대중의 삶을 의미한다. 원효는 귀족의 겉모습을 버리고 속복을 입은 후 우스꽝스러운 춤(무애춤)을 추고 노래(무애가) 하면서 대중을 교화하고 불법의 진리를 전개한다. 원효가 속복을 입고 머리를 기른 것은 대중교화를 위한 방편으로 당신 선지식인 혜숙, 혜공, 대안화상 등도 그러한 접근을 통하여 현실적인 인간들이 자신을 잃지 않고 살아가는 방법을 몸소 실천하였다. 원효가 방방곡곡을 떠돌며 춤추고 노래하면서 만난 무수한 대중을 불법으로 교화하는 동안 거리의 아이들이나 부인네들까지도 그를 모르는 이가 없었으며, 이는 대중교화의 지름길로 평가되고 있다.

일연(一然)이 인식한 원효는 불기(不羈)였다. 불기란 굴레가 없다는 뜻이고, 매인 곳이 없다는 의미다. 그 어디에도 매이지 않았다는 것이다. 그는 해방자였고, 자유인이었다. 불교로부터도, 승려라는 형색으로부터도, 지식으로부터도, 명예로부터도, 계율로부터도, 그는 언제나 자유로웠다. 그물에 걸리기 않는 바람처럼, 붓다는 말씀했다. "집착하지 않음으로써 초월하게 되며, 초월함으로써 해방되는 것이다." 불교도들이 행하는 주된 노력은 모든 조직화로부터의 해방 또는 해탈이지만, 이 점을 누구보다도 잘 이해하고 실천했던 이가 원효다.

걸림없이 행동하는 원효는 무애자재(無碍自在)하여 일시에 몸을 백 곳에 나타냈다고 한다. 이로 이로해서 모두들 그의 위계(位階)를 초지(初地)라고 했다. 따라서 초지보살은 대자유의 몸이 된다는 「화엄경」의 내용과 원효가 백 곳에 몸을 나타내었기에 그의 위계를 초지라고 했다는 설화는 같은 문맥이다

자료: 동국대 전자불전문화컨텐츠연구소(2009), 「원효 문화콘텐츠의 개발과 활용」.

2. 원효대사 관련 유적

가. 관련 유적

원효의 일생은 크게 탄생과 성장, 출가, 파계의 3단계로 구분이 가능하다. 원효는 전 일생에 거쳐 여러 사찰과 인연을 맺어왔으며, 이와 관련한 설화가 후세까지 전해 내려오고 있다. 특히 그가 파계 후에는 대중을 교화하며 활발한 활동을 했고, 창건한 사찰이 많아 고증과 답사를 통해 조사된 관련 유적은 상당수에 달한다. 관련 유적들은 경주에서 충청남도, 강원도, 경기도까지 전국에 걸쳐 분포하고 있어, 이를 통해 원효대사의 폭넓은 대중교화 활동을 짐작할 수 있다. 원효대사가 탄생한 곳에 지었다는 사찰, 설법을 강설했던 곳, 원효대사 영정이 모셔진 곳 등 다양한 유적과 관련 설화를 통해 원효대사 순

구분	유적	소재지	비고
원효 탄생 유적지	제석사	경북 경산군 자인면	• 원효탄생 설화가 전해지는 곳, 원효탄생 제례를 올림
	사라골 사라지	경북 경산군 자인면	• 원효 탄생지 가운데 하나, 불땅고개 밤나무 (사라수) 아래 탄생
원효 활동 유적지	월정교지	경부 경주시	• 요석공주와 인연을 맺기 위해 물에 빠진 곳
	분황사	경부 경주시	• 불교이론을 연구하며 경소를 짓던 곳, 효와 설총의 설화 및 원효의 표준영정이 안치된 곳
	고선사지	경북 경주시 암곡리	• 댐건설로 수몰, 사복과 그의 어머니 장례를 치른 곳
	오어사	경북 포항시	• 혜공과 함께 저수지의 물고기를 잡아먹은 곳
	척판암	경남 양산군 장안리	• 혜안으로 중국의 천명대중을 구할 때 머무른 곳
	천성산 화엄벌	경남 양산군	• 원효가 구해준 천명대군이 몰려와 화엄학을 강설했던 곳
	홍련암	강원도 양양군 낙산	• 원효와 의상 설화, 원효가 지팡이로 홍련암 뒤 암벽에 샘줄기를 뚫었다고 전해짐
	낙산사 가는 길	강원도 양양군 낙산	• 원효가 관음보살을 친견하기 위해 걸어갔던 길
	남해 보리암	경남 남해군 금산	• 원효가 의상, 윤필거사와 의형제 결의를 맺고 수행하던 곳
	관악산 삼막사	서울 관악산	• 원효와 의상, 윤필 거사와 더불어 수행하던 곳
	원효방	전북 부안군	• 계암사 뒤 석굴, 원효가 수행하던 곳
	계조암	강원도 설악산	• 원효와 의상이 수도하였던 곳
	금강굴	강원도 설악산	• 해발 900m 바위 가운데 있는 굴로 원효가 수도하였던 곳
	성류굴	경북 울진군	• 원효가 진덕여왕 당시 암자를 짓고 수도
	청량사	경북 봉화군 청량산	• 현재의 응진전 터, 원효가 육육봉의 정기를 모아 수행에 매진했던 곳
	원효암, 의상대	경남 함안군	• 원효가 의상과 함께 도반이 되어 수행하던 곳

구분	유적	소재지	비고
원효 활동 유적지	관룡사	경남 창녕군	• 제자 송파와 함께 백일기도를 드릴 때 아홉 마리의 용이 승천
	남산 일대	–	• 세수 70세로 입적한 혈사, 설총의 집근처(남산일대)로 추정
	원효암	부산시 금정구	• 범어사 신내 입지, 왜고을 물리쳤다는 설화가 전해짐
	태고사	충남 금산군 진산면	• 마곡사의 말사, 절 뒤 원효바위에서 수행
	원효암	경북 산군 와촌면	• 은해사의 말사, 약수로 유명하여 일명 냉천사
원효 관련 대표 사찰	원효사	광주시 북구 금곡동	• 송광사의 말사. 일본 고산사의 것을 표본으로 제작한 영정 보유
	자재암	동두천시 상봉암동	• 봉선사의 말사, 원효대, 원효폭포, 원효정 등 많은 유적지 보유
	미타암	경남 양산군 웅상면	• 앞 전망이 장쾌
	원효암	경남 양산군 상북면	• 원효산에 있는 암자, 뒤의 기암괴석이 특이
	장안사	경남 양산군 장안리	• 장안사 뒤 척판암이 있음
	내원사	경남 양산군 하북면	• 원효가 천명 대중에게 화엄학을 가르치던 당시 본부 역할을 한 절
	원적사	경북 문경군 농암면	• 일명 원적암
	불령사	경북 청도군 매전면	• 호양산에 있는 절
	안정사	경남 통영군 광도면	• 벽발산에 있는 절
	향일암	전남 여천 돌산리	• 앞쪽 바다 전망이 일품, 뒤쪽에 원효의 수행터
	장의암	경남 고성군 거류면	• 거류산에 있는 절
	무위사	전남 강진군 성전면	• 파랑새가 그렸다는 보존상과 관음보살상이 유명
	선암사	부산시 부산진구 당감동 백양산	• 원효가 창건, 신라 화랑들이 이곳 바위를 중심으로 수행했다 전해짐
	미륵사	부산시 동래구 금정산 북문부근	• 절 뒤 우람한 바위가 천연 미륵의 형상, 『미륵상생 경종요』 탄생지

레길의 상징성과 의미성을 고찰해 볼 수 있다.

3. 원효대사 순례길의 의미

가. 순례는 종교적인 목적을 이루기 위한 여행

'순례길'의 사전적인 의미는 종교적인 목적을 이루기 위하여 성지를 향하는 여행으로, 한국불교에서 순례길을 개척한 사람은 원효와 의상이다. 원효와 의상은 당나라 삼장법사의 가르침을 얻기 위하여 두 차례에 걸쳐 입당순례길을 시도이다. 그 중 첫 번째 순례길은 650년 요동지방에서 첩자로 오인 받고 좌절되었고, 두 번째 순례길은 길을 가던 중 원효가 큰 깨달음을 얻으면서 원효는 되돌아가고 의상 홀로 당나라로 향했다.

나. 큰 깨달음을 얻은 여행길, 원효대사 순례길

앞서 언급한 바와 같이 두 차례의 순례길 중 원효대사 순례길로 칭할 수 있는 것은 원효대사가 큰 깨달음을 얻고 돌아온 두 번째 순례길이다. 이 길은 원효대사가 얻고자 했던 깨달음에 대한 고민과 목적의식, 노력을 체험하며, 원효가 설파한 일심과 화쟁, 무애사상을 가슴 깊이 새겨 나를 돌아볼 수 있게 하는 순례길이다.

다. 순례길에 대한 다양한 문헌기록과 그 의미

원효가 깨달음을 얻고 돌아온 순례길에 대한 설화는 961년 연수라는 사람이 쓴 〈종경록〉, 988년 송나라 때 찬녕이 쓴 〈송고승전〉, 1107년에 덕홍이 쓴 〈임간록〉 등 세 중국문헌에 각기 다른 내용으로 기록이다. 〈종경록〉에는 시체 썩은 물을 마시고 깨달음을 얻은 것으로, 〈송고승전〉에는 무덤 속에서 귀신을 만난 것으로, 〈임간록〉에는 해골에 담긴 물을 마시고 깨달음을 얻은 것으로 기록이다.

또한 원효가 당나라로 유학을 떠난 것은 661년으로 현재 남아있는 세 가지 문헌 기록들도 최소한 300년 이후에 작성되었음에 대한 고려가 필요하다. 주목할 점은 스토리의 정확성 내지는 사실성보다는 원효의 주체성, 그리고 이로부터 확장해 나간 사상적 보편성과 세계성의 가치이다.

Ⅲ. 유사사례 분석

1. 개요

국내에서는 비영리 민간단체가 주도하여 개발한 제주도 올레길과 산림청이 주체가 되어 추진 중인 지리산 둘레길을 탐방로 사례로 분석하였다. 국외의 경우 순례길 형성의 역사가 깊어 다양한 상품이 개발되어 있고, 체험방식 또한 정부적 차원에서 체계화되어 있는 일본 시코쿠 순례길과 산티아고 순례길을 사례로 분석하였다.

지역		사례	내용
국내		제주 올레길	• 비영리 민간단체에 의해 개발된 탐방로 • '걷는 문화'에 대한 즐거움을 대중에게 인식
		지리산 둘레길	• 지리산권 5개 시·군 국립공원 인근지역을 순환하는 둘레길
국외	일본	시코쿠 순례길	• 홍법대사의 발자취를 따르는 순환 순례길 • 88개 사찰을 연결하며 다양한 연계상품 판매
	스페인	산티아고 순례길	• 세계 3대 성지 산티아고로 가는 다양한 루트 • 정부차원에서 순례객에 대한 지원정책 수립

2. 국내사례

가. 제주 올레길

'올레'는 제주 방언으로 좁은 골목을 뜻하며, 통상 큰길에서 집의 대문까지

구분		주요 내용
개요	길이	• 총 연장 약 266㎞ : 현재 14코스까지 구축된 상태
	개발 배경	• (사)제주올레 서명숙 이사장이 2006년 9월 〈오마이뉴스〉 게릴라본부장 직책에서 물러나 스페인 산티아고길(800㎞)을 도보순례한 것이 계기 • 2007년 고향인 제주에서 가수 양희은, 시인 허영선 등 여성 10인과 함께 서귀포 걷는 길(보문동 제주대연수원~외돌개 돔베낭길)을 시범적으로 걸으면서 본격적으로 도보 위주의 옛길, 시골길 등을 중심으로 개척
특징		• 구간별로 지역민이 직영하는 맛집 선정: 지역주민들의 소득 강화/경관확보를 위해 사유지를 통과할 경우 사전 협의 및 수익금의 일부 지원 • 인공구조물 도로는 우회하여 탐방객 안전 보장 • 길에 대한 역사성 확보: 과거 해녀들, 마을 주민들이 활용했던 옛길을 복원/ 인공적 구조물 설치 최소화

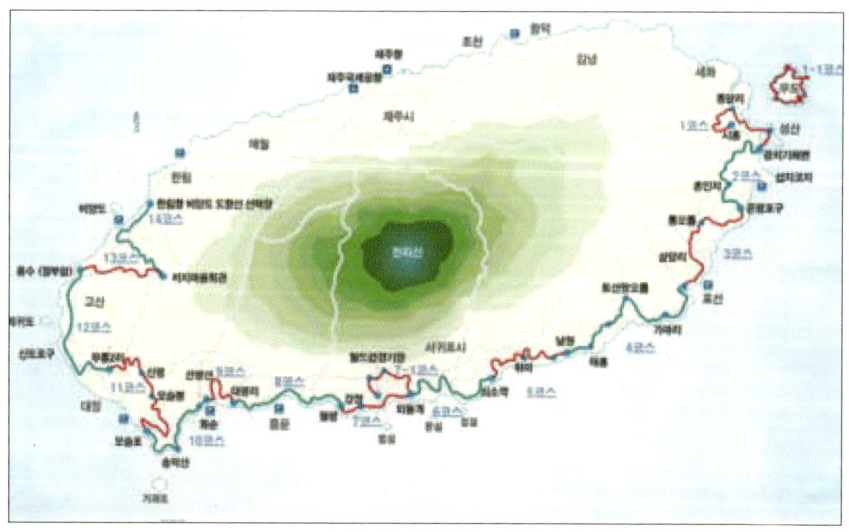

이어지는 좁은 길을 의미한다. 민간에서 시작된 비영리법인 길로서 입소문과 인터넷을 통하여 짧은 기간에 '걷는 문화'에 대한 즐거움을 대중에게 인식시킨 좋은 사례이다.

〈제주 올레 코스 경로〉

구분	코스경로	길이(km)	소요시간(시간)
1코스	시흥 ~ 광치기	15.0	5.0~6.0
2코스	광치기 ~ 온평	17.2	5.0~6.0
3코스	온평 ~ 표선	22.0	6.0~7.0
4코스	표선 ~ 남원	23.0	6.0~7.0
5코스	남원 ~ 쇠소깍	15.0	5.0~6.0
6코스	쇠소깍 ~ 외돌개	14.4	4.5~5.0
7코스	외돌개 ~ 월평	15.1	4.0~5.0
8코스	월평 ~ 대평	17.6	5.0~5.5
9코스	대평 ~ 화순	8.8	3.0~4.0
10코스	화순 ~ 모슬포	14.0	4.5~5.0
11코스	모슬포 ~ 무릉	21.5	6.0~7.0
12코스	무릉 ~ 용수	17.6	5.0~6.0
13코스	용수 ~ 저지	15.3	4.0~5.0
14코스	저지 ~ 한림	19.3	6.0~7.0

나. 지리산길

지리산길은 지리산을 중심으로 한 3개 도 5개 시군의 지리산 순례코스 및 옛길 등을 중심으로 2005년 산림청에서 개발하기 시작하였다. 2007년부터 5년간 각종 자원조사와 정비를 통해 지리산 곳곳의 길을 순환형으로 연결하여 길을 완성할 예정, 현재 시범구간(1구간: 다랭이길, 2구간: 산사람길)을 운영 중이다.

구분		주요 내용
개요	위치	• 지리산권 5개 시·군(남원시, 구례군, 함양군, 산청군, 하동군) 국립공원 인근지역
	길이	• 총연장 300km
	개발 배경	• 2005년 산림청이 주관하여 녹색연합과 지리산생명연대에서 수행한 "환지리산 생태역사문화 관찰로 조사 및 기본계획연구"를 시작

구분		주요 내용
개요	사업 개요	• 사업주체: 사단법인 숲길(지리산생명연대 부설 법인) • 사업기간: 2007~2011년(5개년) • 사업지원: 복권위원회/녹색자금관리단 • 사업예산: 약 100억원
의의		• 공공이 주체가 되어 지역단체와의 협력을 통한 트레일 조성 • 계획원칙, 세부분야별 조성계획, 조성지침 수립으로 트레일의 방향성 정립 • 다양한 주민협력사업을 통해 주민과 이용자 간의 소통과 협력 장려
계획원칙		• 보전 중심: 옛길은 최대한 원형으로 복원하고, 원래 있던 다양한 길(숲길, 임도, 강길, 제방길, 마을길)을 적극 활용하여 환경에 미치는 영향 최소화 • 안전 중심: 차량통행이 많은 아스팔트길, 안전이 우려되는 위험한 길, 해발고도가 너무 높은 길 등은 연결을 위한 최소한의 구간을 빼고는 제외 • 경관 중심: 사계절 내내 변화하는 지리산을 아우르며 흐르는 강, 들녘, 마을을 조망하며 걸을 수 있는 길을 우선 고려 • 자원 중심: 길을 중심으로 자연자원, 고유한 역사·문화자원이 잘 보존되어 있는 지역을 우선 연결 • 지역 중심: 마을과 지역이 주체가 되어 길을 지속적으로 관리할 수 있고, 이용자와 지역과의 관계맺음을 통해 지역 경제 발전에 도움이 되도록 고려

〈지리산길 전체구간 길이 및 도보소요기간〉

분류	연장길이	소요일	
		소요기간	소요시간
남원권역	50km	약 38시간	5일
구례권역	90km	약 69시간	10일
하동권역	65km	약 50시간	7일
산청권역	60km	약 46시간	65일
함양권역	35km	약 29시간	4일
합계	300km	약 232시간	325일

주: 소요기간은 국립공원관리공단(1999)의 자연학습로 탐방속도 기준을 적용

〈지리산길 운영·관리프로그램〉

부문	항목	세부내용
주민 협력 사업	지역현황 조사 및 주요 유/무형 자산조사	• 조성구간의 숙박지원, 음식지원, 주요 농산물, 마을 고유의 행사 및 체험활동 등 활용가능 자원 및 마을의 역사, 풍습 조사
	이용자와 주민간의 이해, 협력사업	• 마을 내 관련 기반시설 정비, 마을 축제 발굴 및 지원, 농·산·촌마을 체험 프로그램의 발굴 및 운영 • 프로그램 및 시설들의 자체 운영과 협의체 구성
이용자 프로그램 구성 및 운영	전체사업 네트워킹 추진	• 5개 시군에서 연도별로 수행되는 세부사업들의 전체 통합화 작업
	연간 이용자 프로그램	• 지리산길을 통해 이 길의 가치들에 대한 배움과 체험의 기회를 제공, 마을과의 소통의 장 제공
	지리산길 안내자 양성 교육	• 자원활동가 교육을 통한 가이드 양성
	마을체험, 축제 참여 프로그램	• 지역별 체험 프로그램, 축제, 홍보, 참가유도
	홈페이지 내 이용자 커뮤니티	• 지리산길 홈페이지를 활용한 이용자 커뮤니티 구성, 길 정보 교류 및 지리산길의 가치 나눔

3. 국외사례

가. 시코구 순례길

시코쿠는 일본 열도를 구성하는 네 개의 본섬 중 제일 작은 섬으로 4개의 현으로 이루어져 있어 四國(시코쿠)로 명명하고 있다. 통칭 '오헨로' 또는 '헨로 미치'라 불리는 시코쿠 순례길은 홍법대사의 발걸음을 좇아 시코쿠섬의 불교 성지를 걸어서 순례하는 길로 88개의 절을 순서대로 돌아 1번 절로 돌아오는 1,200km의 장정이다. 홍법대사(774년~835년)는 일본에서 가장 존경받는 고승 중 한 명으로 일본 최초로 중일사전을 펴내고 일본어 알파벳인 히라가나를 제작하고 있다.

구분	내용
위치	• 일본 시코쿠 섬 일대
규모	• 약 1,440km(40~60일 여정)

특징	• 전통 불교문화와 순례를 위한 체계적인 시스템이 구축된 문화상품
	• 연간 20만 명 방문(약 2만 명 도보)
	  - 개인에 따라 도보로 40~60일, 차량으로 8일가량 소요
	  - 방문객의 90% 이상이 차량 이용, 순수 도보 이용자는 10% 미만
	• 최근 유네스코 인류문화유산 지정 추진 중

순례 방법	• 88개의 사찰을 순례하는 프로그램 운영(1~88번까지의 사찰 번호 지정)
	  - 88개의 사찰을 거치면 소원 성취 전설
	  - 홍법대사의 발자취를 더듬으며 그의 공덕을 얻으려는 믿음
	• 사찰 순례별 의미부여
	  - 1~23번(도쿠시마현): 발심(發心) 도량
	  - 24~39번(고치현): 수행 도량
	  - 40~65번(에히메현): 보리(菩提) 도량
	  - 66~88번(가가와현): 열반 도량

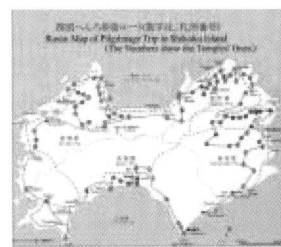  

시코구 순례길의 특징을 살펴보면, 첫째 다양한 기념품과 준비품, 상업적인 가치를 지니고 있다. 순례자들은 1번 절에서 '하쿠이'라고 불리는 흰색 의상과 '즈게 갓'이라는 삿갓, '즈에'라는 지팡이 등 순례의상세트를 1만 5천엔 정도의 비용으로 구입하고 있다. '하쿠이'는 교통이 발달되지 못했던 과거에

순례 중 삶을 마감하는 경우 이용하기 위해 수의를 입은 것에서 유래한다. 개별 사찰에서 납경장에 낙관과 서명을 받는 것은 300엔, 족자에 받는 것은 500엔의 비용이 발생. 순례자들은 종교적인 기부의 의미로 해석된다. 모든 사찰의 낙관과 서명이 담긴 족자는 40만 엔에 판매하고 있다.

둘째, 지역주민과 직접적인 교류 가능이다. 시코쿠 주민들은 어린시설부터 순례자들을 만났을 때 친절을 베푸는 것이 복을 짓는 일이라고 교육, 이러한 분위기가 주민들이 순례자들에게 친절을 베푸는 '오세타이' 문화로 정착하였다. '오세타이'는 따뜻한 차와 과자, 사탕, 100엔 정도의 여비, 무료로 제공하는 잠자리 등 부담없는 수준으로 마음을 주고받는 선물문화로 정착되어 지역민과 방문객의 교류에 기여하였다.

셋째, 풍부한 안내시설과 편의시설이다. 순례코스 주변으로 다양한 숙박시설(민박 및 호텔 등) 및 온천시설, 상업시설(식당, 기념품 판매점 등)이 운영되고 있어 이용편의를 지원한다. 순례길은 갈림길마다 빨간 화살표와 삿갓을 쓰고 지팡이를 짚은 순례자의 그림이 길을 안내하고 있어 초보자도 혼란 없이 체험이 가능하다. 화려하거나 비싸게 제작한 것이 아니라 눈에 잘 띄는 소박한 안내판이다.

나. 스페인 산티아고 순례길(Camino de Santiago)

산티아고에서 예수의 열두 제자 중 한 사람인 성 야곱의 무덤이 발견되면서 산티아고 대성당 건립되어 대성당 방문을 목적으로 많은 순례자들이 방문하면서 순례의 길로 정착되었다. 까미노 데 산티아고(Camino de Santiago)는 '산티아고로 가는 길'이라는 뜻으로 로마, 예루살렘과 함께 세계 3대 성지로 일컬어지며 1993년에 세계 자연 문화유산으로 선정되었다. 이 중 프랑스 길(프랑스와 스페인의 국경인 생장피드포르에서 시작해 피레네 산맥을 넘는 800km의 장정)을 가장 많은 순례객이 선택한다. 이는 숙박시설이 많고 목적지까지 안내표지판 체계가 가장 잘 구축되어 있기 때문이다.

구분		내 용
개요	위치	• 프랑스 생장 피드포르 ~ 스페인 산티아고 콤포스텔라
	길이	• 800km
	관련단체	• 산티아고 순례자 협회
순례길의 종류		• 북쪽길. 해안선을 따라 걷는 길 • 은의길: 남부 세비야로부터 시작하여 역사상의 은 무역 루트를 따라가는 길 • 영국길: 영국으로부터 바다 건너 오는 길 • 포르투갈길: 이베리아 반도의 서부를 걷는 길 • 마드리드길, 바르셀로나길, 아라곤길: 프랑스 솜포트로부터 출발하여 프랑스 길과 합쳐지는 길 • 프리미티보길: 프랑스 길보다 200년 이전에 만들어진 최초의 순례길
특징		• 1993년 유네스코에 의해 세계문화유산으로 지정 • 순례길을 따라 역사적·종교적 의미를 지닌 1,800여 개 유적 보유. 계획적 조성이 아닌 옛 성지순례길이 발전된 길 • 순례자용 여권 발급 및 순례자 전용 숙소 알베르게 운영 • 순례자의 물병으로 사용되던 호리병, 조개껍질, 챙 넓은 모자, 지팡이 등이 상징화되어 다양한 안내판과 기념품 등으로 활용

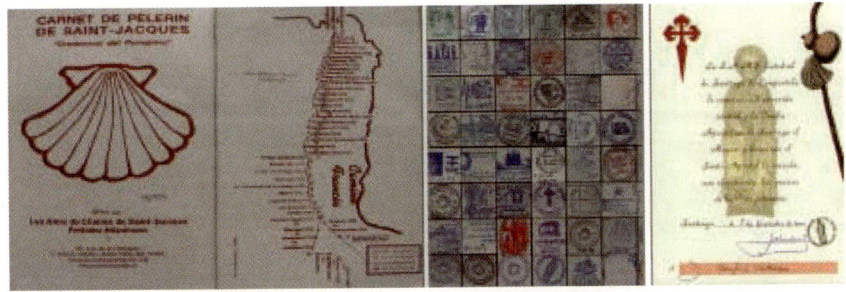

순례자용 여권   여권의 도장   순례자 증명서

    산티아고 순례길의 특징은 첫째, 순례자용 여권 '크리덴시알' 발급이다. 순례를 시작하는 마을에 있는 순례자 사무실에서 순례자 등록을 마친 후 순례자용 여권을 발급(순례자용 여권 발급 비용은 2유로)하고 있다. 순례자용 여권을 소지한 사람만 순례자를 위한 전용숙소인 '알레르게' 이용이 가능하며, 방

문지마다 기념도장을 발급한다. 도착지인 '콤포스텔라'에서 순례완료자에게 순례증명서 발급하고 있으며 매년 100여 개국 10만 명의 순례자가 증명서가 발급된다.

둘째, 순례자 전용 숙소 '알베르게' 운영이다. 알베르게는 순례길 곳곳에 조성된 순례자 전용 숙소로 순례자들을 위한 여러 편의시설(세탁실, 샤워실, 화장실, 인터넷 등)을 제공된다. 알베르게는 운영주체의 성격에 따라 지방정부 운영, 종교단체 운영, 개인 운영 등 3가지 형태로 운영된다. 지방정부가 운영하는 알베르게는 보통 50~120명, 심지어 500명까지 수용하는 대규모의 숙박 시설로 매우 저렴하며(일박에 5~6유로), 기본적인 취사, 샤워시설을 갖추고 있으며, 2층 침대 숙박을 제공한다. 종교단체가 운영하는 알베르게는 정해진 돈을 받지 않고 순례자가 형편에 맞게 기부를 하며, 시설의 수준은 떨어지지만 돈으로 살 수 없는 특별한 경험이 제공된다. 개인 운영 알베르게는 기존 알베르게보다는 가격이 비싸지만 주인에 따라 개성있고 다양한 시설을 제공하는 것이 특징. 일부지역에서 중세시대의 모습을 재현한 알베르게가 운영되고 있다.

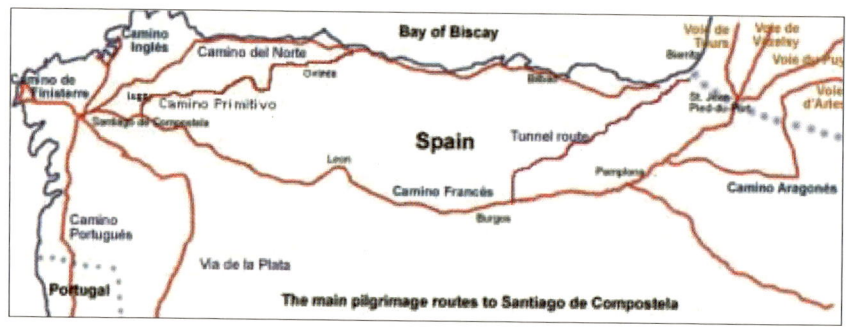

산티이고 순례길 지도

4. 시사점

국내외 유사사례 특성에 대한 종합적인 분석결과 정통성·상징성, 사회환원성, 편의성, 지속 가능성으로 구분 가능하다. 정통성 측면에서는 순례길의 역사적·종교적 의미가 있는 길을 발굴하고 복원함으로써 길의 상징성을 강화하여 순례객들의 방문을 유도하는 특성을 보였다.

사회환원성 측면에서는 지역주민이 운영하는 숙박시설, 기념품 가게, 순례 용품 판매점 등을 이용하도록 문화를 조성하고 이를 통해 순례객이 지역주민과 소통할 수 있도록 하는 특성을 보였다.

편의성 측면에서는 순례길과 연계된 다양한 편의시설(숙박시설, 식당 등)을 마련하고, 순례길을 상징하는 로고나 캐릭터를 안내판에 삽입하여 순례객들의 편의를 도모하는 특성을 보였다.

지속가능성 측면에서는 최소한의 개발, 최대한의 기존 자원 활용을 통해 지속 가능성을 높여가는 특성을 보였다.

구분	세부 내용
정통성·상징성	• 역사적·종교적 의미가 내포되어 있는 옛길을 복원하여 순례가 가지고 있는 상징성 강화 • 과거 순례의 의미를 현대적으로 재해석하여 정통성 확보 • 순례길이 가지고 있는 정통성과 상징성이 순례객 방문 유도
사회환원성	• 지역주민 운영 숙박, 기념품 가게, 순례 용품 판매점 등 지역 경제에 기여할 수 있는 현지연계형 산업모델 개발
편의성	• 순례길과 연계된 다양한 숙박시설, 식당 마련 • 순례길을 상징하는 로고나 캐릭터 등을 공통적으로 안내판에 삽입하여 초보 순례자도 도보를 이용할 수 있도록 조성
지속가능성	• 최소한의 개발, 최대한의 기존 자원 활용 • 단발성 개발이 아닌 장기적 관점에서 개발

IV. 원효대사 순례길 개발 구상

1. 개발 목표 및 방향

가. 원효대사 순례길 사업 비전

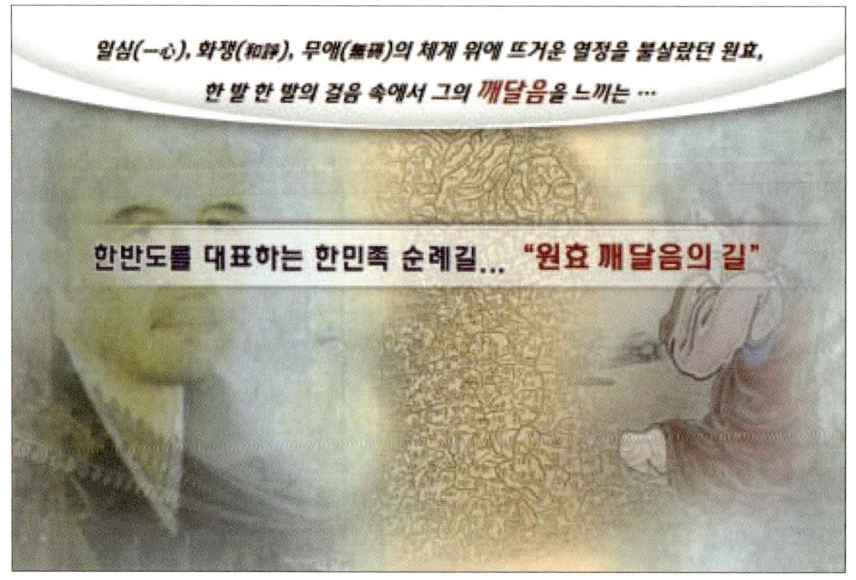

　원효대사 순례길은 신라의 고승 원효대사가 "무아의 깨달음"을 얻기 위해 걸었던 고행의 길로서 역사성을 바탕으로 자원성과 상징성을 보유한다. 특히 원효대사는 시대와 민족과 종교의 벽을 뛰어 넘는 보편성이 있고, 세계성이 있는 한국불교를 대표하는 역사적인 인물로서 원효대사가 걸었던 화해와 소통의 길은 자아를 성찰하고, 새로운 삶의 방향을 고민하는 순례의 공간이다. 또한 원효대사 순례길은 지역을 연결하는 소통과 교류의 길로서 우리나라 국토의 내륙을 따라 연결되는 산길과 강길, 마을길 속에 숨겨진 역사와 인물, 생태, 문화를 가장 가까이에서 체험할 수 있는 공간이다.

　이러한 자원성과 상징성을 바탕으로 원효대사 순례길은 걷기를 통해 일심(一心), 화쟁(和諍), 무애(無碍)의 원효사상을 체험하고, 진정한 나를 찾는 "깨달음의 길", "희망의 길"을 조성토록 한다.

나. 원효대사 순례길 조성 목표

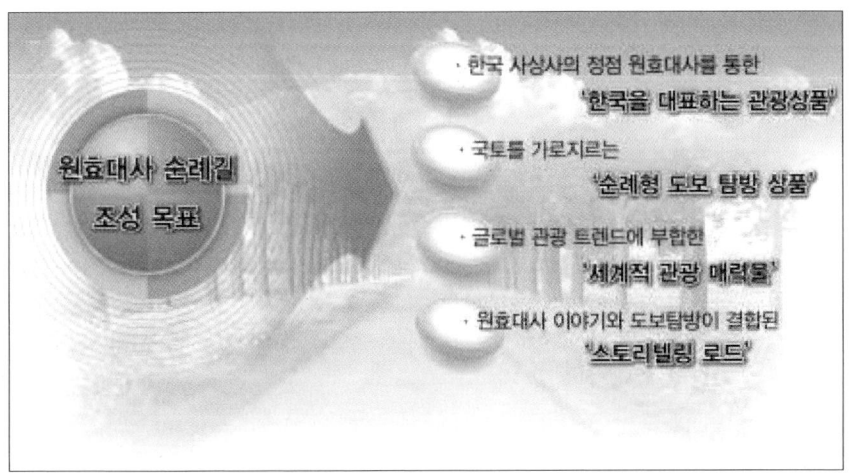

첫째, 한국 사상사의 정점 원효대사를 통한 한국을 대표하는 관광 상품 개발이다. 한국을 대표하는 역사적 인물로서 원효대사의 깨달음을 통해 정신적, 육체적 건강함을 회복하는 한국을 대표하는 관광 상품 개발이다.

둘째, 국토 전역을 연결하는 전국적인 장기 도보 탐방 상품 개발이다. 국토 전역을 연결하는 전국적인 장기 도보 탐방로인 원효대사 순례길은 지역 중심의 탐방로에서 벗어나 한반도의 국토를 가로지르는 진정한 문화 교류의 장으로써 탐방 상품 개발이다.

셋째, 글로벌 관광 트렌드에 부합되는 세계적인 관광 매력물 창출이다. 순례 경로를 따라 한국의 아름다운 자연과 정서를 느낌과 동시에 트레킹을 통해 건강한 신체와 정신을 단련할 수 있는 글로벌 관광 트렌드에 부합되는 세계적인 관광 매력물 창출이다.

넷째, 원효대사의 이야기와 도보 탐방이 결합된 진정한 스토리텔링 로드 개발이다. 화해와 소통의 자유인으로서 원효대사의 이야기와 순례 지역의 지역성을 특성 있는 스토리로 엮어 국내·외 탐방객들이 느끼고 배우고, 체험할 수 있는 걷기 중심의 진정한 스토리텔링 로드 개발이다.

다. 원효대사 순례길 조성 컨셉

순례를 통해 원효대사의 깨달음을 이해하고, 깨달음의 이해 속에 몸과 마음의 조화, 개인의 성숙을 추구하고, 지친 일상에 대한 치유와 회복을 얻으며, 안녕과 기원의 희망 메시지를 마음에 새기는 도보 중심의 순례길을 의미한다. 즉, 복잡하고 혼란한 현대사회, 바쁘고 숨 가쁜 일상 속에서 마음의 안녕과 위안, 희망과 새로운 시작을 꿈꾸는 이들에게 건강한 일상으로 돌아가기 위한 새로운 활력을 제공해 주는 치유의 길이다.

또한 깨달음을 통해 진정한 자아를 찾고, 새로운 미래를 개척해 나가는 힘을 얻는 생명의 길이다. 느린 걸음을 통해 신체적 건강함을 회복하고, 충전시키는 지역 탐방형 건강의 길을 조성한다. 이와 관련하여 약 567km에 달하는 원효대사 순례길을 따라 탐방객들이 내딛는 걸음마다 몸과 마음의 건강을 새

기는 "Walking Therapy"라는 의미를 원효대사 순례길의 개발 컨셉으로 설정한다.

2. 원효대사 순례길 조성 전략

가. 표적시장 설정
1) 원효대사의 사상

첫째, 일심(一心) 사상이다. 일심사상은 '금강삼매경론', '대승기신론소' 등에 공통적으로 나타나는 사상으로 원효대사의 일심은 존재의 근본을 의미한다. 즉, '마음이 있으면 가지가지 일이 생기고, 마음이 없으면 가지가지 일이 없으니 모든 것이 마음에 달려 있다'는 것을 의미한다. 원효는 부처의 뜻이자 모든 것의 근거인 이 일심(一心)을 통해 자신의 사상을 정립하고자 한다.

둘째, 화쟁(和諍) 사상이다. 화쟁사상은 어느 한 종파나 사상에 치우침 없이 전 체의 입장에서 조화를 취하는 것으로 원효대사는 화쟁사상을 통해서 여러 다양한 이론 사이의 다툼을 화해시켜서 붓다의 올바른 진리로 돌아가게 하고자 하였다. 어떤 문제에 두 가지 이상의 다른 견해가 있을 때 서로 다른 견해를 융섭의 이념에 의하여 화해시키고, 회통시켜 큰 법의 바다로 귀납시키는 사상이다.

셋째, 무애(無碍) 사상이다. 무애사상은 일체의 걸림이 없다는 의미로 '일체의 걸림이 없는 사람은 한 길로 삶과 죽음을 벗어난다(一切無碍人 一道出生死)' 라는 말을 통해 이해하고 '나'라는 집착인 아집에서 벗어나고 내가 이미 알고 있는 여러 가지 잡다한 관념, 관습, 지식, 외부 대상 등에 대한 집착인 '법집'에서 벗어나 적극적이고 자유로운 삶을 영위해 갈 것을 권유한다.

2) 표적시장 선정

원효대사 순례길이 지닌 자원적 가치는 원효대사의 깨달음에 대한 이해를 바탕으로 자아성찰, 기원, 치유, 회복을 위한 목적형 트레일로서의 성격이 강하다. 또한 원효대사 순례길은 길 자체가 지닌 자원성보다는 깨달음과 희망을 얻고자 하는 순례길로서의 염원적 가치를 지닌다.

이와 관련하여 다양한 계층을 수용하는 대중적인 관광 탐방로로서의 기능을 부여하기보다는 특정한 계층을 대상으로 의미성을 전달하는 관광 스토리 트레일의 기능을 부여하였다.

원효대사 순례길을 방문하는 핵심 계층은 가족의 안녕과 행복을 기원하는 "중년 여성", 삶의 고통에 대한 치유를 기원하는 "30~40대 남성", 종교적 기원을 위한 "종교 순례객", 이국적인 동양 문화 체험을 희망하는 "외국인 관광객" 등을 대상으로 한다. 원효대사 순례길의 핵심 계층을 적극적으로 수용할 수 있도록 탐방로 조성 방향을 수립한다.

구분	세부 내용	제공 편익
중년 여성/ 30~40대 남성	• 가족의 안녕과 행복 기원 • 삶의 고통에 대한 치유 • 치열한 경쟁속에서 자신을 돌아보는 자아성찰	• 자아성찰, 깨날늠 • 삶의 에너지 충전 • 신체적/정신적 건강 회복 • 새로운 출발의 기원
종교 순례객	• 종교적 기원 성지순례 • 원효대사의 발자취를 통한 역사적 이해와 깨달음	• 종교적 기원 • 원효대사 성지순례 • 원효대사의 발자취 탐험
외국인 관광객	• 이국적인 동양 문화 체험 • 순례를 통한 웰빙 체험	• 불교문화 이해 • 음식 문화 탐방 • 지역 생활/문화 체험 • 원효대사 역사/문화 탐방

나. 탐방로 조성 방향

1) 기본 개념

　원효대사는 시대와 민족과 종교의 벽을 뛰어넘는 보편성이 있고, 세계성이 있는 한국불교를 대표하는 역사적인 인물로서 원효대사가 걸었던 화해와 소통의 길은 자아를 성찰하고, 깨달음을 희망하는 순례공간으로서 가치를 지닌다. 이러한 원효대사 순례길은 도보 순례를 통해 깨달음을 얻고자 하는 사람들이 방문하고, 또한 방문을 희망하는 자원적 가치를 지닌 곳으로 탐방활동을 통해 의미성과 가치성을 확보가 가능하다. 이와 관련하여 원효대사 순례길은 단순한 길이 아닌 역사의 기반 속에 사람과 자연이 소통하며, 원효대사의 깨달음을 이해할 수 있는 이야기가 있는 탐방로로 조성한다.

2) 탐방로 의미 탐색

　첫째, 기원의 길이다. 원효대사 순례길 구간내 33개 사찰에 대한 순례 인증을 통해 소원을 이룰 수 있다는 스토리를 부여하고, 순례길을 통해 내딛는 걸음마다 기원을 희망하고, 완주를 통해 소원을 성취할 수 있다는 의미를 부여한다.

　둘째, 치유의 길이다. 다양한 웰빙 프로그램을 통해 육체적, 정신적 스트레

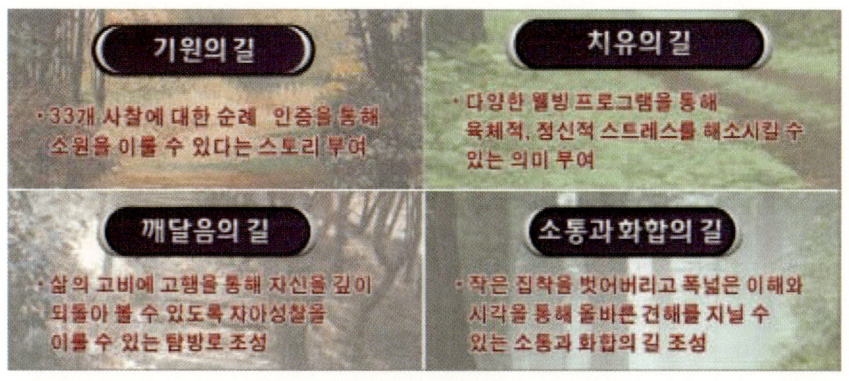

스를 해소시킬 수 있는 테마 상품 부여한다.

　셋째, 깨달음의 길이다. 원효대사가 걸었던 깨달음의 행적을 따라가는 순례길의 여정을 통해 삶의 깨달음을 얻을 수 있다는 의미 부여하여, 삶의 고비에 고행을 통해 자신을 깊이 되돌아볼 수 있도록 자아성찰을 이룰 수 있는 탐방로를 조성한다.

　넷째, 소통과 화합의 길이다. 사소한 시각으로 비롯된 집착을 벗어버리고 폭넓은 이해와 시각을 가짐으로써 올바른 견해를 나타내는 원효의 화쟁사상이 담긴 길로 나와 이 세상의 만물이 소통하고, 이 세상의 모든 것이 화합할 수 있다는 의미를 부여한다.

3. 순례길 노선 계획

가. 노선 방향

　순례길 노선 방향은 첫째, 지역노선 선성에 대한 보편타당성 검토(역사성 기반, 대중의 신뢰성 확보), 둘째, 원효대사의 의미성 검토(원효대사 순례길의 상품성과 의미성을 제고), 셋째, 지역 노선 선정에 대한 전문성 검토(전문가 자문 등)로 한다.

나. 지역 노선 선정 기준

　첫째, (역사성) 역사적 사실에 근거한 타당성이 확보된 길이다. 지역 노선 선정에 대한 보편타당성을 확보하기 위하여 7C 신라시대 교통로를 적용하여 지역 노선 선정이다. 신라시대 교통로는 추풍령로, 계립령로, 죽령로로 구분할 수 있는데, 당나라로 갈 수 있는 해상연결로와 관련하여 가장 쉽고, 빠른 길을 선택했을 것으로 사료되며, 이에 추풍령로를 기준으로 한 노선 선정이다. 추풍령로는 경주에서 상주-보은-청주-진천을 거쳐서 직산에 이르는 노선으로서 청주와 진천 일대는 5세기 후반부터 신라가 영향을 미쳤던 지역으로 밝혀지고 있다.

둘째, (안정성, 이용 편의성) 누구나 갈 수 있는 길이다. 원효대사 순례길은 일반인을 대상으로 도보를 통해 이용하는 노선으로서 안정성과 이용 편의성 확보가 필요하다. 이와 관련하여 거리가 짧고, 완만한 지역인 추풍령로를 사용하며, 계립령로와 죽령로 이용시 충주에서 당항진까지 연결되는 광주산맥의 험준함을 고려하여 충주-안성-평택-당항진 구간을 활용하는 것으로 계획이다.

셋째, (상품성) 세계인이 함께 걷는 길이다. 원효대사 순례길은 우리나라 도보 탐방로를 대표할 수 있는 상품적 가치가 지닌 사업으로서 길 자체에 대한 상품성이 동반되어야 한다. 그러나 과거 신라, 고려, 조선시대를 거쳐 온 옛길들은 현대화되면서 국도 또는 지방도로 변화되어 흔적을 찾아볼 수 없게 되었고, 도보 탐방로로서 상품성이 취약한 실정이다. 이와 관련하여 원효대사 순례길 노선 선정시 길 자체가 상품성이 지닌 지역과 노선이 있을 경우 이를 적극적으로 순례길 노선에 반영시켜 계획토록 한다.

다. 지역 노선 선정

원효대사 순례길 최종 지역 노선은 지역 노선 선정 기준에서 제시된 역사성과 안전성, 이용 편의성에 근거하여 추풍령로를 기반으로 설정한다. 즉, 경주를 시작으로 경산, 대구, 상주 등을 거쳐 평택과 화성에 이르는 구간을 적용한다. 한편 추풍령로 구간 중 보은, 청주, 진천 등의 구간에 비해 계립령로의 문경, 충주 등의 구간이 하늘재, 충주 호반길 등으로 인해 길 자체의 상품성이 우수한 구간으로 평가되고 있어 이들 구간의 경우 문경과 충주 구간을 활용하는 것으로 계획이다. 이상의 기준을 바탕으로 최종 원효대사 순례길의 지역 노선은 경주 → 경산 → 대구 → 칠곡 → 구미 → 상주 → 문경 → 충주 → 안성 → 평택 → 화성으로 설정하였다.

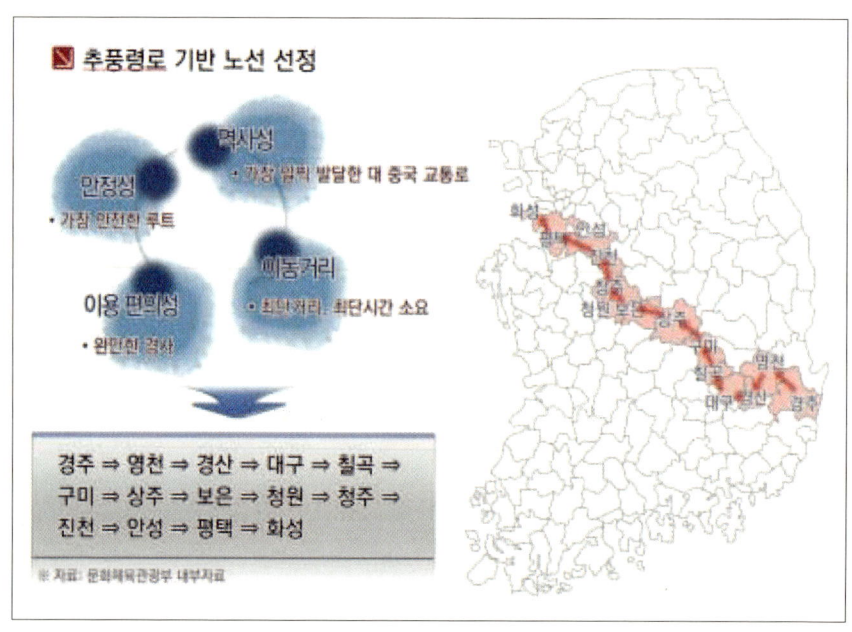

4. 순례길 테마상품 구성

가. 테마 설정 방향

순례길 테마로는 무애, 화쟁, 일심 등 원효의 대표 사상을 탐방로의 대표 테마로 설정하고 원효의 일생과 깨달음의 과정을 세부 테마로 구성한다. 아울러, 권역별 탐방 자원 특성과 테마의 조화가 있어야 한다.

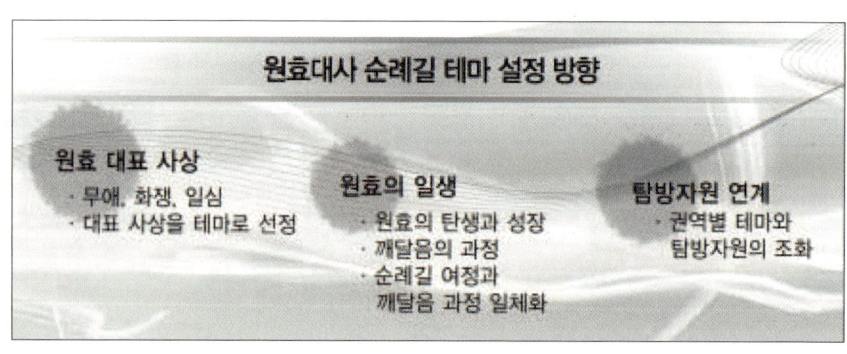

순례길의 테마 방향으로는 첫째, 테마 흐름, 자원 유사성, 지역적 접근성을 고려하여 3개 테마 구간 설정, 둘째, 원효의 일생과 깨달음의 과정을 나타내는 8개의 세부 테마 주제 선정, 셋째, 대표 테마 의미, 탐방자원특성에 부합하는 각 권역별 세부 테마 방향 설정이다.

구간	권역	대표자원 또는 자원 특성	대표테마	테마방향
1 구간	경주	• 신라시대 유적 다수 분포	무애(無碍) (원효의 탄생, 성장)	시대 배경
	경산	• 원효 탄생, 성장 유적 다수		탄생, 성장
2 구간	대구-칠곡	• 갓바위 등 대중의 기원 담긴 곳	화쟁(和諍) (깨달음의 과정)	기도, 기원
	구미-상주	• 신라에 불교를 전파한 아도화상		고행, 쾌락
	문경	• 명상센터 위치		명상
	충주	• 신라 최고 예술가 우륵의 음악을 통한 심신 치유		치유
3 구간	안성	• 새로운 세상을 약속하는 미륵불의 고장	일심(一心) (깨달음의 완성)	다짐, 참회
	평택-화성	• 해골물을 통해 깨우친 원효 설화		오도(득오)

나. 순례길 테마상품 구성

순례길 테마상품은 원효의 사상을 현대적으로 재해석하고, 이를 주 테마로 세부 테마 상품을 개발한다.

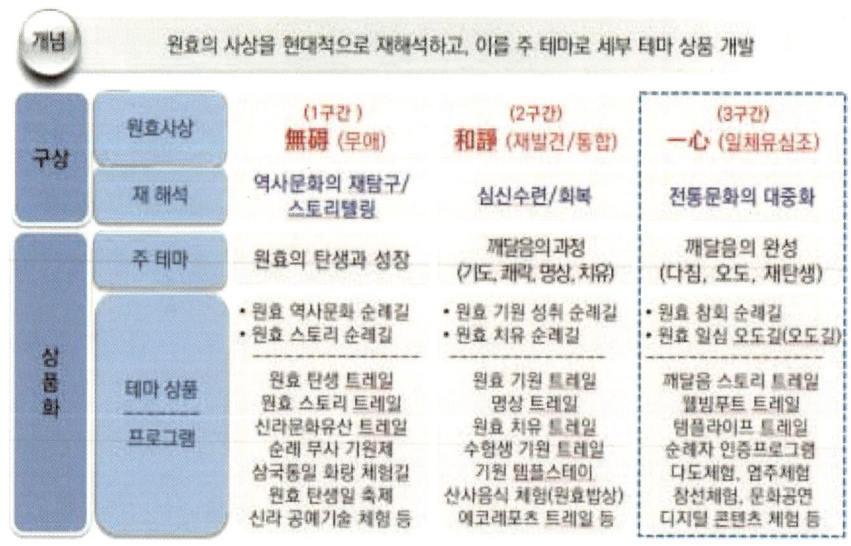

V. 원효대사 오노저와 화성 낭성 융복합콘텐츠 개발

1. 개발 의의 및 방향

가. 개발 의의

원효대사 오도처와 화성 당성 융복합콘텐츠 개발의 의의로는 첫째, 역사적 의미로, 원효대사 깨달음의 장소가 백곡리 백제무덤군이며, 삼국시대 중국으로 가는 유일한 해양 항로가 무역항인 당성이다. 둘째, 종교적 경험적 의미로, 순례자들에게 깊은 내면의 탐색과 신앙심을 강화하는 기회를 제공한다.

셋째, 문화와 예술적 의미로, 지역 문화와 예술을 체험할 수 있는 기회를 제공한다. 넷째, 도전과 성취감 의미로, 우울한 시대 속에서 국민들에게 높은 도전과 성취감을 제공한다. 다섯째, 자연과 명상적 의미로, 아름다운 자연속에서 명상과 평화로움을 찾는 기회를 제공한다. 여섯째, 사회적인 연결의 의미로, 다양한 국적과 문화를 가진 사람들 간의 사회적인 연결을 촉진한다.

일곱째, 유익한 생각과 통찰적 의미로, 여행 동안 유익한 생각과 통찰을 얻을 수 있는 기회를 제공한다. 여덟째, 열정과 목표 달성적 의미로, 열정적인 목표를 추구하는 사람들에게 좋은 선택 기회를 제공한다.

나. 접근 방향

개발의 접근 방향으로는 첫째, 국토 전체를 기반으로 하는 원효순례길 관점에서 접근이다. 순례길의 마지막 구간이자 종점임을 강조한다.

둘째, 원효대사 오도처와 화성간의 연계적 접근이다. 개별적인 분리 공간이 아닌 상호 연계가 중요하다.

셋째, 시설의 집중화를 통한 문화적, 환경적 훼손 최소화이다. 스토리 관련 시설은 당성 중심으로 집중화, 오도처는 스토리/자연 중심으로 개발한다.

넷째, 수요자 중심의 문화관광 트렌드 반영이다. 역사적 스토리를 기반한 콘텐츠의 재해석을 활용한다.

다섯째, 종교인, 걷기동호인 등 특정 수요가 아닌 대중적 접근이다. 해설 체계 구축, 축제/이벤트 활용, 감성 마케팅 활용 등을 통한 젊은 층에 접근한다.

2. 개발 목표

대상지의 개발 목표는 원효대사 오도처와 화성 당성을 이원화하고 이를 연계한다. 이에, 원효대사 오도처는 '원효의 사상과 이야기, 자연환경을 기반한 '깨달음의 길' 조성, '화성 당성은 신라와 당간 문화와 시설, 사람 교류를 기반한 '감성형 복합공간' 조성을 목표로 한다.

- 원효대사 오도처 : 원효의 사상과 이야기, 자연환경을 기반한 '깨달음의 길' 조성
- 화성 당성 : 신라와 당 간 문화와 시설, 사람 교류를 기반한 '감성형 복합공간' 조성

- 역사적 스토리를 기반한 콘텐츠 체험 공간
- 걷기를 통한 심신을 치유하는 웰니스 공간
- 대상지의 자연 환경을 활용한 감성 체험 공간
- 역사적 의미를 재해석한 축제/이벤트 공간
- 국민 모두를 비롯한 학생들을 위한 배움 여행 공간

3. 개발 컨셉

대상지 개발 핵심 요소로는 문화, 사람, 자연이며 이를 통해 이야기, 감성,

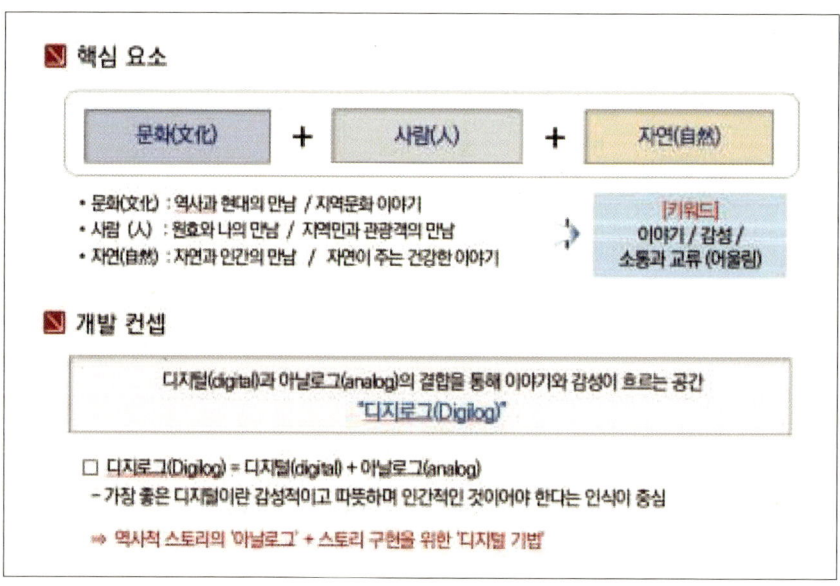

소통과 교류, 어울림 등을 키워드로 한다. 개발 컨셉은 '디지털(digital)과 아날로그(analog)의 결합을 통해 이야기와 감성이 흐르는 공간, 디질로그(Digilog)'이다.

4. 추진 사업

추진 사업은 원효대사 오도처, 화성 당성, 공통석 측면에서 접근하며 각각 하드웨어(인프라, 시설), 소프트웨어(상품, 프로그램), 홍보마케팅, 교육 및 역량 강화로 구분하여 제시하였다.

가. 원효대사 오도처

구분	세부사업	주요내용
하드웨어 (인프라, 시설)	원효 깨달음의 길 조성	• 오도처 표지석 • 색채 디자인화, 문화예술을 접목한 시설 설치 • 주변 꽃길/야생화단지 조성 • 원효사상/일생 관련 스토리 조형물 • 스토리포토존, 안내판 및 QR 코드 • 이색적인 공중화장실 도입 • VR 조망대 도입
	편의시설 조성	• 원효순례길 지점 인증 • 관광안내, 휴식, 판매, 편의, 공공 기능 • 동굴체험 연계

	야외공연장 조성	• 인위적 시설이 아닌 자연친화적 공연장
		• 다양한 문화공연, 축제/이벤트 공간 등
		  - 정기적인 공연: 화성 당성
		  - 이벤트적인 공연: 원효오도처

소프트웨어 (상품, 프로그램)	원효 깨달음의 길 체험	• 원효 깨달음 스토리 트레일 • 원효 웰빙푸드 트레일(주변마을 연계) • 원효 템플라이프 트레일(주변 사찰 연계) • 원효순례길 인증, 증명서 발급/ 원효순례길 여권 발행

구분	세부사업	주요내용
소프트웨어 (상품, 프로그램)	원효마크 조성	• 원효마크 선정 　- 원효사상을 상징하는 포인트 • 원효마크를 촬영해 오면 기념품 제공 　- 화성당성 안내센터 연계
	체험 프로그램 개발	• 원효 오도체험/동굴체험 • 명상체험, 참선체험 등
	축제 및 이벤트 개발	• 원효 깨달음의 길 걷기 축제 • 원효스토리 공모전 • 원효인문학 강의: 지역주민 대상

나. 화성 당성

구분		세부사업	주요내용
하드웨어 (인프라, 시설)	화성 당성 내	당성 산책로 조성	• 화성당성 성곽 연계 산책로 기반 조성 • 관광약자(어린이/노약자) 친화기반 조성 • 산책로 연계 조경 관리 　- 주변 조망 가능 지점 등
		당성 스토리 시설 조성	• 화성당성 스토리 해설판, 조형물 • 스토리포토존, 안내판 및 QR 코드 • 신라시대를 재현하는 AI 조망대 도입
		당성 러브포인트 조성	• 사랑을 주제로 한 야간 시설, 프로그램, 이벤트 등 도입 • 이벤트트리 설치, 러브벤치 도입, 나무 랜드마크화 등
	화성 당성 외	원효 테마공원 조성	• 원효체험센터, 야외공연장, 동굴체험공간, 　회의/교육공간, 기념품점 및 카페 등 • 원효사상/일생 관련 조형물 등
		원효 체험센터 도입	• 원효테마공원 연계 • (신규) 동굴 모양으로 건축 • 기능: 체험, 교육, 명상 등 • 관광안내소와 이원화 • 원효대사기념관, 명상과 수련 공간, VR 체험관, 　세미나실, 식당, 야외시설, 옥상 전망카페 등

구분		세부사업	주요내용
하드웨어 (인프라, 시설)	화성당성 외	화성당성 관광안내소 리모델링	• 기존관광안내소 확대(규모, 기능 등) • 해설사 쉼터, 안내, 교육 기능 확대 • 무인카페, 물품보관소, 휴대폰 충전, 자전거거치대 등
		야영장 조성	• (인근 부지 매입) 신라시대 이색 체험 연계 • 트리하우스 등 이색 숙박 공간 도입
		경관 디자인 사업	• 스토리와 문화예술 테마 • 이색적인 조형물, 포토 포인트, 안내시설물, 편의시설 등 디자인화
		(기존) 나루터 복원 사업 연계	• 계획되어 있는 나루터 복원 • 숙박, 식음, 체험, 판매 등 복합화
소프트웨어 (상품, 프로그램)		체험 프로그램 개발	• 당성 역사 투어: 복원된 성곽, 유적지 탐방 • 해설사가이드 투어 • 전통 복식 체험: 신라시대 의상 • 지역 전통 음식 체험 • 신라시대 전통 놀이와 무예 체험 • 당항성 문화 워크숍: 탁본 체험 등
		연중 이벤트	• 연중 매달 이벤트 개최 • 화제성 및 이슈화 • 참가자에게 기념품 제공
		축제 및 이벤트	• 화성당성 문화재 야행 • 화성당성 축제 개최 • 화성당성 유튜버 페스티벌
		야간문화 이벤트 발굴	• 야간 영화상영 프로그램 개발 • 야간 음악공연 개최 - 발라드, 클래식, 재즈공연 등 • 야간음악 콘서트 개최
		감성 프로그램 개발	• 추억의 우체통 도입 • 화성당성 장터 운영 • 피크닉바구니 대여/판매

다. 공통

세부사업	주요내용
홍보마케팅 강화	• 안내판 개선 및 스토리 해설판 도입 • 스토리북 제작(온라인, 오프라인) • 스마트 투어리즘 서비스 강화 • 타겟별 홍보마케팅: 맘카페, 유튜브, 인스타그램 등 • 지역 커뮤니티 및 여행사 협업
교육 및 역량 강화	• 전문가 지원단 구축 · 운영 • 화성문화관광포럼 구성 · 운영 • 중장기 개발 계획 수립

원효대사 깨달음의 길 제안서

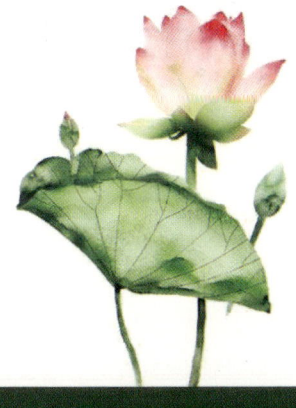

원효대사 오도처 깨달음의 길

I. 제안개요

I 제안배경

원효대사 오도처 깨달음의 길
제안서

원효대사 오도처 깨달음의 길 조성으로

마을 관광자원요소 활성화 및

순례자들에게 명상과 사색을 통한 내면의 성장

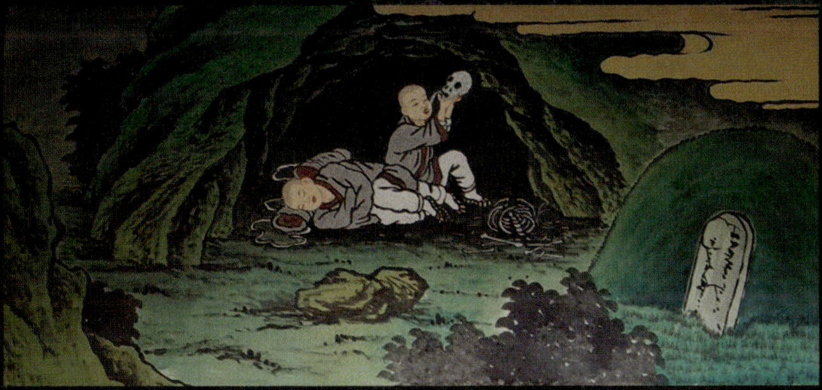

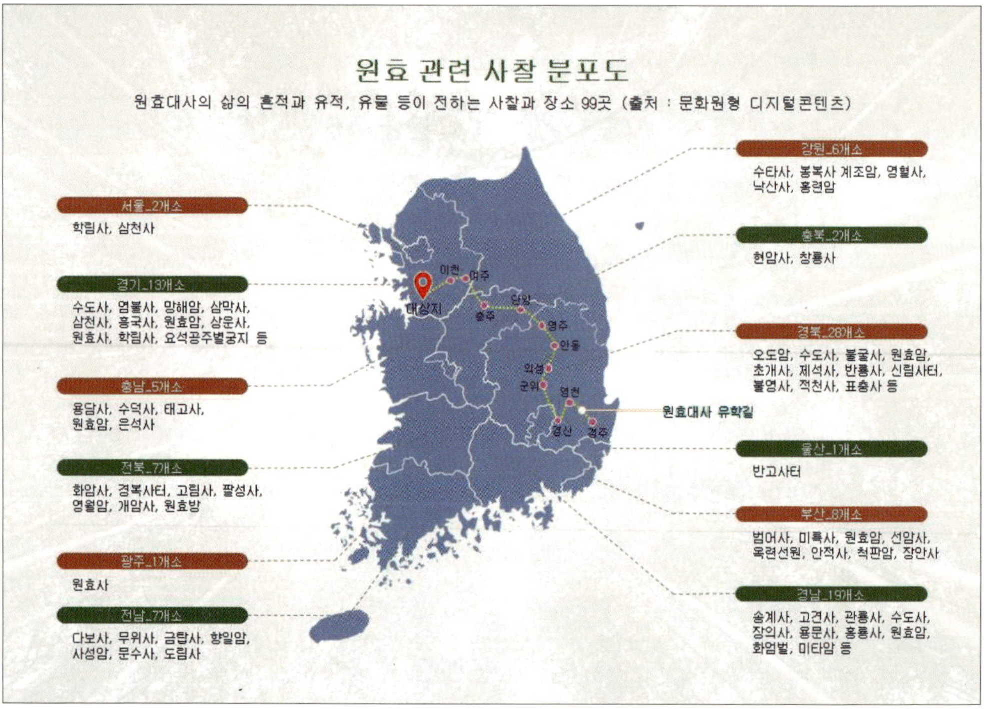

원효 관련 사찰 분포도

원효대사의 삶의 흔적과 유적, 유물 등이 전하는 사찰과 장소 99곳 (출처 : 문화원형 디지털콘텐츠)

강원_6개소
수타사, 봉복사 계조암, 영혈사, 낙산사, 홍련암

서울_2개소
학림사, 삼천사

충북_2개소
현암사, 창룡사

경기_13개소
수도사, 염불사, 망해암, 삼막사, 삼천사, 흥국사, 원효암, 삼운사, 원효사, 학림사, 요석공주별궁지 등

경북_28개소
오도암, 수도사, 불굴사, 원효암, 초개사, 제석사, 반룡사, 신림사터, 불영사, 적천사, 표충사 등

충남_5개소
용담사, 수덕사, 태고사, 원효암, 은석사

원효대사 유학길

전북_7개소
화암사, 경복사터, 고림사, 팔성사, 영월암, 개암사, 원효방

울산_1개소
반고사터

광주_1개소
원효사

부산_8개소
범어사, 미륵사, 원효암, 선암사, 옥련선원, 안적사, 척판암, 장안사

전남_7개소
다보사, 무위사, 금탑사, 향일암, 사성암, 문수사, 도림사

경남_19개소
송계사, 고견사, 관룡사, 수도사, 장의사, 용문사, 홍룡사, 원효암, 화엄벌, 미타암 등

2 Ⅰ. 제안개요
내효과

원효대사 노 노서 깨필음의 길
제안서

순례길을 통해 얻는 **지혜와 깨달음**	역사문화관련 **우리 마을 명소화**	역사 콘텐츠 개발을 통한 **역사 바로알기**
순례자들이 완주하며 깊은 내면의 탐색, 유익한 생각, 통찰력을 얻는 기회 제공	마을 스토리텔링, 마을 여행 등을 통한 역사 기록, 전시, 체험으로 방문객 유입 기대 및 지역산업 활성화	오도처에 대한 역사적 혼선 발생에 관심을 가지고 그 왜곡의 사실 구체화에 주시

3 노선계획

원효대사 오도처 깨달음의 길
제안서

● 대상지를 크게 3구간으로 나누어 각 구간별 기본계획
(나아감의 길-깨달음의 길-인연의 길)

나아감의 길
좋은 인연과 깨달음을 얻고 이를 주변 이들과 함께 나누며 앞으로 끊임없이 정진하며 나아간다.

깨달음의 길
원효대사의 깨달음과 같이 우리도 순례하며 경험과 수행을 통해 진정한 깨달음을 얻고자 한다.

인연의 길
불교적 관점에서 모든 것은 인과 연이 합하여 질 때 인연이 시작되는 때이므로, 좋은 인연을 이 길의 첫 지점에서 만나 시작한다.

4 세부노선계획

원효대사 오도처 깨달음의 길
제안서

● 인연의 길

불교적 관점에서 모든 것은 인과 연이 합하여 질 때 인연이 시작되는 때이므로, 좋은 인연을 이 길의 첫 지점에서 만나 시작한다

원효대사의 득도처가 마도면?	원효대사의 교육사상
① 남양만 당항포의 관할지가 당성이었고, 당성이 현재 마도면에 있음 송고승전본국해문당주계(本國海門唐州界) _본국(本國) 해문(海門) 당주계(唐州界)에 이르러, 큰 배를 구해 창파를 건너려 했다 → 의상과 원효가 당주지역에 도착하여 당으로 가는 배편을 알아보고자 했다는 의미 _해문 → '해문리 ' 라는 고유명사를 가진 마을이 당주계 안에 속함 _당성 → 과거 한반도 최대의 대당 무역항, 중국과의 교통로	① 일심사상(一心思想) 모든 것은 사람의 마음에 기초하고, 마음이 모든 존재의 근거, 결국 하나의 진리를 향해 있다는 말 인간의 의식을 깊이 통찰하여 깨달음에 이르는 것은 마음을 원천에 돌아가는 것을 목표로 하여 모든 것이 궁극은 하나로 합쳐지고, 모든 행동은 진리에 도달할 수 있다는 사상
② 교통 불급 입피골과 항기실이라는 지명 남아있음 해천 원곽자 원효대사탄비 이유 _여기서 언급된 직산의 '직 ' 은 말뚝이며, 산은 당(幢)성을 알리는 비(旗)가 세워진 산인 구봉산을 일컫는 것, 현재 당성과 마도면 백곡리 680 일대가 일피골로 불리고 있다는 점을 고려하면 당성비가 세워진 마을, 즉 입비(立碑)골로 추정할 수 있음 서산 법인국사탄문 비문 _향성산 안에 있는 절에 원효보살과 의상대덕이 함께 쉬었다 → 현재 남양장성 안에 항기실이란 마을이 있고, 윗산인 향성산은 마도면 백곡리를 감싸고 있으며, 백제 대형 고분들이 남아있음	② 화쟁사상(和諍思想) 어떤 문제에 두가지 이상의 다른 견해가 있을 때 서로 다른 견해를 융섭의 이념에 의하여 화해시키고 회통시켜 큰 법의 바다로 귀납시키는 사상 ③ 무애사상(無碍思想) 모든 것에 집착을 버리는 사상, 아무것도 구애됨이 없는 사람은 나고 죽음에서 벗어난다 부처와 중생을 둘로 보지 않았으며 평등하고 차별이 없다는 사상

화성지역학연구소 활동 모습

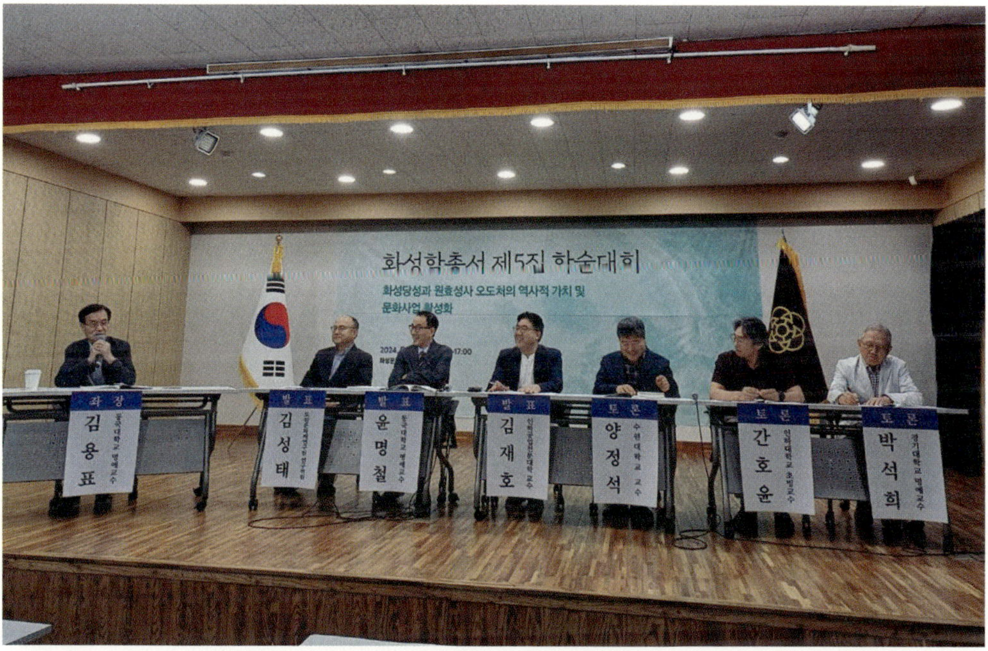
화성학총서 제5집 학술대회
화성당성과 원효성사 오도처의 역사적 가치 및
문화사업 활성화
좌장
김용표
동국대학교 명예교수
발표
김성태
발표
윤명철
동국대학교 명예교수
발표
김재호
토론
양정석
수원대학교 교수
토론
간호윤
인하대학교 초빙교수
토론
박석희
경기대학교 명예교수

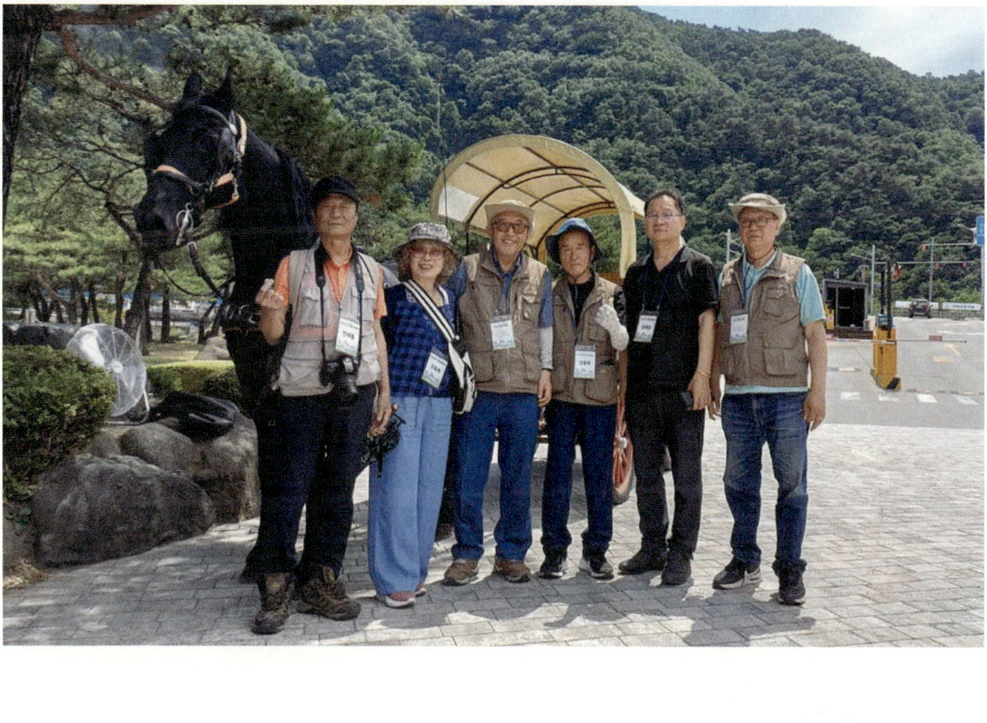

화성지역학연구소 활동 모습

화성지역학연구소 활동 모습

화성지역학연구소 활동 모습

화성지역학연구소 활동 모습

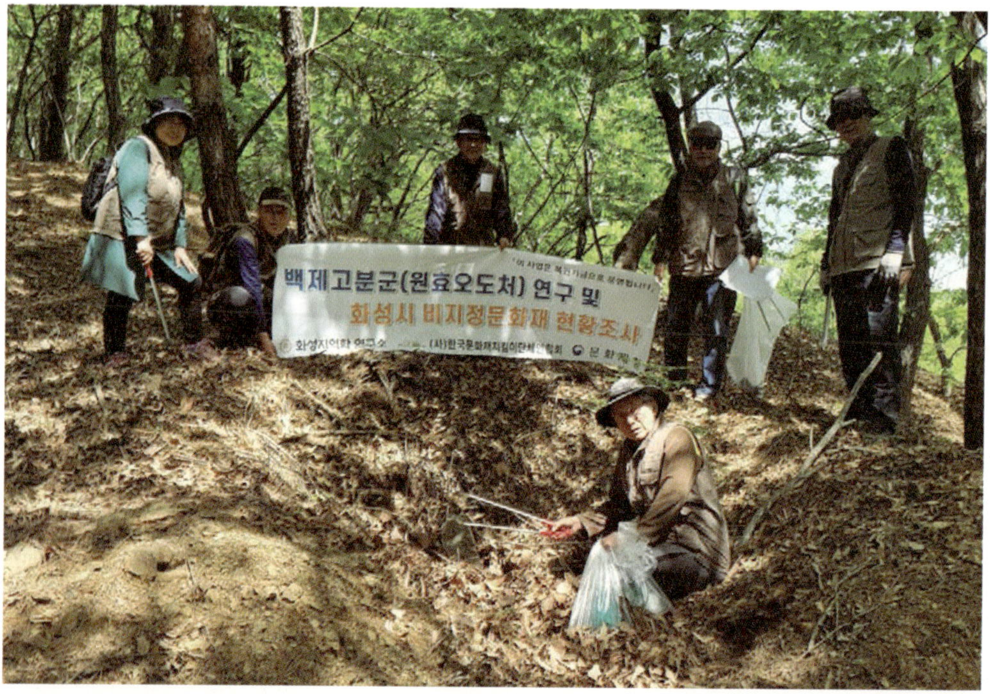
백제고분군(원효오도처) 연구 및
화성시 비지정문화재 현황조사

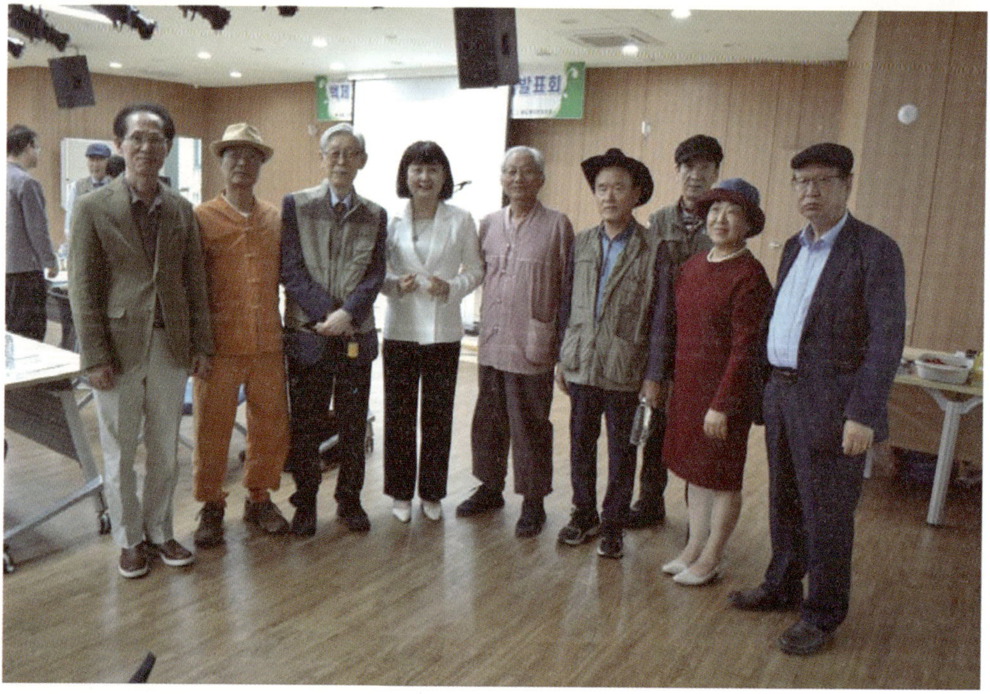

화성지역학연구소 활동 모습

화성지역학연구소 발간물 현황

화성지역학연구소 연혁

2015. 09.　　　화성문화원부설 향토문화연구소 출발
2015. 09.　　　화성문화원부설 향토문화연구소 출발
2017.　　　　　화성의 지맥과 유명산 23곳 탐방 및 청소
2017.　　　　　지방문화원 원천콘텐츠 발굴사업지원
　　　　　　　『화성시 마을신앙 디지털 사전』 발간 현지조사 참여
2017. 04. 22.　제1회 화성불교문화유적 학술발표/ 롤링힐스호텔 그랜드볼룸
2018. 03.18.~10.16　화성시 하천의 하천탐방 및 청소
2018. 04. 07.　제2회 화성불교문화유적 학술발표/ 서화성농협 대강당
2018.　　　　　원효깨달음의 길 당은포로 답사 1차(경주 분황사/ 화성 원각사)
2018.　　　　　원효깨달음의 길 당은포로 답사 2차(원각사/ 당성 염불산)
2018.　　　　　이옥의 문학 고찰 및 이옥묘소, 중흥유기 따라가기 탐방
2018. 05. 13.　화성의 포구 탐방 및 답사글 발표
2018. 06.　　　화성지역학연구소 설립
2018. 06. 30.　화성지역학연구 제1집 발간
　　　　　　　- 1부 화성의 인문지리
　　　　　　　- 2부 원효사상과 이옥의 문화 세계 고찰

	- 3부 화성시의 역사 인물 탐구
	- 4부 화성시 종교와 민속문화
	- 5부 특별기고 창작 희곡(성균관 유생 이옥)
2019. 11.	경기문화재단 시행 세거문중 자료조사 참여
2019. 11.	제3회 화성문화유산과 한반도 평화통일 학술발표/ 라비돌 리조트
2019. 12. 30.	화성지역학연구 제2집 발간
	- 남양부사 선정비 그리고 충신 효자 열려 정려문
2020. 12. 30.	화성지역학연구 제3집 발간
	- 화성여지도(화성의 지형과 산)
2021. 04. 15.	BTN불교TV. 길위의 인문학 원효대사편 출연(해골물 설화, 화성시 마도면 백곡리 백제고분군 설명)
2021. 05. 19	『원효성사 오도처는 화성에 있다』 특집 발간
2021.	(사)한국국가유산지킴이단체연합회 가입
2021. 06.19.~2022.11.21.	전국 원효성사 관련 사찰 107곳 탐방
2023. 04. 14.	화성시 비지정국가유산 탐방 및 모니터링. (사)한국국가유산지킴이 활동 지원사업.
2023. 05. 25.	화성지역학연구 제4집 발간/ 분황 원효성사 오도처 화성
2023. 10. 13.	원효성사오도처 학술 강연/ 화성시 마도면 주민자치센타 대강당
2024. 01. 24.	화성문화원·화성지역학연구소 상호 협력 발전 업무 협약(MOU)
2024. 09. 27.	화성학총서 제5집 학술대회 참석(화성 당성과 원효성사오도처의 역사적 가치 및 문화사업 활성화) - 화성문화원 1층 다목적실
2024. 10. 10.	(사)한국국가유산지킴이연합회장 단체표창
2025. 02. 15.	당성 기원제(화성문화원 지원사업)
2025. 03. 19.	금산사 춘계제향 참석(팔탄면 창곡리)
2025. 03. 22.	장안면 장안리도당굿 참석

2025. 04. 12.   향남읍 상두리 우물고사 참석

2025. 05. 22.   남원광한루 테마파크 답사

2025. 07. 03.   문경새제 태마파크 답사

2025. 09. 18.   양산문화원 학술발표 참석(발표;간호윤. 토론; 정찬모,임종삼)

2025. 09. 24.   국가유산지킴이 학술발표 참가(수원문화원)

2025. 09. 25.   화성문화원 문화답사(당성, 안곡서원, 홍승인고가),

2025. 09. 25.   금산사 추향제 참석

2025. 09. 26.   화성문화원 화성학학술대회 참석(토론;정찬모)

2025. 10. 12.   정남민속문화제 왕재호상놀이 참석(정남중학교)

2025. 10. 25.   화성시 향남읍 증거리 성황당 당고사 참석

화성지역학연구소 위원 약력

직책	성명	소속
소장	정찬모	화성문화원 이사 · 화성시정보위원 (전)국사편찬위원회 사료조사위원
상임고문	정희준	송호 · 지학장학재단 이사장
고문	장정태	문학박사 · 한국서민불교학회 회장
부소장	김민흡	화성문화원 부원장 역임 · 화성실버무지개극단장 역임
학술위원장	김재엽	정치학박사 · 화성문화원 부원장 · 한국불교문인협회 회장
홍보위원장	이수원	마도주민자치위원회 위원장 · 시인
운영위원장	김운겸	경제학박사 · 성결대 교수 · 화성문화원 이사
사무국장	김용원	시인 · 소설가 · (전)교육공무원
연구위원	간호윤	문학박사 · 인하대 교수 · 인천일보 논설위원
연구위원	고광준	화성시 공무원 역임 · 조암노인대학장 역임
연구위원	강윤구	(전)바르게살기운동 화성시협의회 회장 바이오벨리 기업인협의회 수석부회장
연구위원	김희태	이야기가 있는 역사문화연구소장 · 문화재 강사 협동조합 강사
연구위원	민세홍	(전)화성문화원 이사 · 우리춤연구회 회원
연구위원	박각준	화성시서예협회 회장 · 팔탄 숲속요양원 대표
연구위원	서석붕	화성문인협회 부회장 · 화성문화원 이사